French for Business

England
Summer 86

3.25

W9-CMZ-730

French for Business

Malcolm Bower, B.A., Cert. Ed., M.I.L.

and

Lucette Barbarin, L. ès L.

Second Edition

HODDER AND STOUGHTON
LONDON SYDNEY AUCKLAND TORONTO

Acknowledgments

Thanks are due to the following for permission to reproduce copyright material:

Cartoons and Diagrams: Punch Publications Ltd (pp. 22, 91, 98); *L'Express* (pp. 97, 100); *Le Monde* (p. 119). **Text:** *Le Monde* (pp. 120–21); *L'Express* (pp. 95–6, 130–31, 132–3, 133–4); Direction de la Documentation (pp. 134–6); New Science Publications (pp. 126–7); *Le Progrès de Lyon* (p. 132); *Paris Match* (pp. 129–30).

British Library Cataloguing in Publication Data

Bower, Malcolm
  French for business. – 2nd ed.
  1. French language – Business French
  I. Title   II. Barbarin, Lucette
  448 .002465   PC2120.C6

  ISBN 0 340 26920 0

First published 1977
Second edition 1981
Fifth impression 1986

Printed in Great Britain for Hodder and Stoughton
Educational, a division of Hodder and Stoughton Ltd,
Mill Road, Dunton Green, Sevenoaks, Kent
by Hazell Watson & Viney Limited,
Member of the BPCC Group,
Aylesbury, Bucks

Contents

Introduction

General Aims

French for Business is a complete post-'O'-level course consisting of text-book and cassette. It is designed:

1 to give students **of various levels of achievement in French** oral fluency in dealing with a variety of social, business and commercial situations in which an English visitor to France, either on business or pleasure, might well find himself.

2 to provide a thorough revision of essential grammar.

3 to enable the students to converse in French on a range of social and economic matters relevant to Britain and France.

4 to extend his comprehension and passive command of French to the point where he can understand virtually anything he reads or hears.

Student Groups/Exams

The course is therefore ideally suited for the Further Education field, the expansion of which into Polytechnics, Colleges of Technology, Colleges of Further Education, Technical Colleges and Evening Institutes has resulted in a multitude of French courses. *French for Business* will meet the needs of part-time students (businessmen, 'sandwich' course students, adult evening class students) and also full-time students (O.N.D., H.N.D., and those following a wide variety of secretarial and business courses). Teachers require for these groups not only interesting adult and topical material, but also a structured course to prepare students for a variety of commercial French exams, such as those of the Royal Society of Arts, or London Chamber of Commerce, as well as exams for the Institute of Linguists. In addition to L.E.A. classes, an interesting recent development (particularly since Britain's entry into Europe!) has been the creation of special classes for firms who are willing to pay cost-effective rates to get tailor-made, intensive French courses to meet their specific needs. *French for Business* has proved particularly suitable for this type of course.

Sections

The course is made up of three sections:

1 **Active Section Part One.** 12 situational dialogues, involving an English businessman, Mr Sanderson, and various French people – colleagues, customers, sales-assistant, secretary, etc. Each dialogue introduces a specific grammatical point. The general pattern of presentation (with one or two exceptions) is as follows:

  1 Dialogue.

  2 10–12 questions in French on dialogue.

  3 10–12 retranslations from English of certain key idiomatic expressions occurring in dialogue.

4 Drills for intensive practice of constructions and expansion of vocabulary encountered in dialogue.

5 Rôle-playing exercise making the student speak in essentially the same
situation as Mr. Sanderson earlier using the vocabulary and construction learned. This is the vital test of whether the student has mastered
the material or not.

6 Guided conversation. With the help of a brief framework, the student
relates the substance of the initial dialogue either orally or as a written
exercise.

2 **Active Section Part Two.** Having mastered the vocabulary and construction of the Active Section Part One, the student can now confidently
move on to this section. It consists of six larger, more difficult dialogues
between an English and a French person dealing with three major topics
in their respective countries – economics, industrial relations and politics
(these areas being chosen as they provide common talking points in
adult conversation). The dialogues are followed by extensive notes and,
as in the Active Section Part One, questions and retranslation phrases.
There are no drills as these are not grammatical units, but in Chapters
14, 16 and 18 there is a rôle-playing exercise to test the student's ability
to discuss the relevant situation in England with a French person. Finally,
there is a reading passage to provide further relevant vocabulary and
ideas on the topic in an attempt to stimulate discussion.

3 **Passive Section.** The passages in this section are adapted extracts from
the French press, and may be used at the teacher's discretion in class or
as homework. As well as passages having some link with the topics of
the earlier sections there are several passages of general interest. They
are essentially listening/reading/comprehension/summary/transcription
passages, the purpose of which is to stimulate discussion.

Suggested Method:

To the teacher inevitably faced with different levels of achievement in
French, we would suggest the procedure shown on p. ix.

Time Factor

We have calculated that approximately 100 hours will be needed to cover
the whole course. Ideally (bearing in mind an academic year of some
35–40 weeks), the course should be spread over two years for the average
evening class, meeting for one session per week. However, full-time secretarial or business studies students will be able to cover the course in one
year. Businessmen may find it more convenient to have intensive sessions
either daily, weekly or monthly to cover the necessary hours.

Whichever method is chosen we are confident that the student, whatever
his initial level, will derive immediate benefit and achieve by the end a high
degree of competence in French.

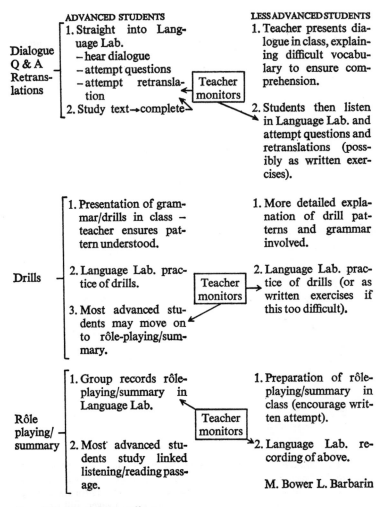

ADVANCED STUDENTS

LESS ADVANCED STUDENTS

Dialogue Q & A Retranslations

1. Straight into Language Lab.
   - hear dialogue
   - attempt questions
   - attempt retranslation
2. Study text→complete

Teacher monitors

1. Teacher presents dialogue in class, explaining difficult vocabulary to ensure comprehension.

2. Students then listen in Language Lab. and attempt questions and retranslations (possibly as written exercises).

Drills

1. Presentation of grammar/drills in class – teacher ensures pattern understood.

2. Language Lab. practice of drills.

3. Most advanced students may move on to rôle-playing/summary.

Teacher monitors

1. More detailed explanation of drill patterns and grammar involved.

2. Language Lab. practice of drills (or as written exercises if this too difficult).

Rôle playing/ summary

1. Group records rôle-playing/summary in Language Lab.

2. Most advanced students study linked listening/reading passage.

Teacher monitors

1. Preparation of rôle-playing/summary in class (encourage written attempt).

2. Language Lab. recording of above.

M. Bower L. Barbarin

Cassette Tape Recording

The recording includes the dialogues, questions, retranslation phrases and rôle-playing exercises (with prompts in English where necessary) from the Active Section parts 1 and 2. In the interests of economy it was decided not to include the texts of the linked passages which could be used as listening or reading passages at the teacher's discretion. Obviously the time factor (allowing space for (a) the initial responses and (b) the corrected responses) makes the recording of the drills impracticable. We suggest, therefore, that the teacher records the drills 'live' in the language laboratory as necessary. This method has proved extremely successful with our own students.

Chapter 1:   A l'hôtel

Mr Sanderson completes the necessary formalities at the hotel where he has reserved a room. However, the original reservation has to be changed slightly...

SANDERSON	– Bonsoir madame. J'ai retenu par téléphone une chambre à un lit avec douche.
RÉCEPTIONNAIRE	– Oui monsieur, c'est à quel nom?
SANDERSON	– Sanderson. Voulez-vous que je l'épelle? S-a-n-d-e-r-s-o-n.
RÉCEPTIONNAIRE	– Ah oui. Je crois que je me souviens du coup de téléphone. Vous voulez rester une nuit seulement, si je ne me trompe pas?
SANDERSON	– Je voudrais maintenant rester une nuit de plus, si c'est possible. C'est-à-dire deux nuits en tout. J'ai l'intention de quitter Paris mardi 6 octobre.
RÉCEPTIONNAIRE	– Alors vous comptez rester deux nuits du 4 au 5 et du 5 au 6. C'est bien ça?
SANDERSON	– C'est exact.
RÉCEPTIONNAIRE	– D'accord, je n'y vois pas d'inconvénient. Chambre numéro 10. Le portier va vous y conduire. En attendant voulez-vous remplir cette fiche?[1] Ce n'est qu'une formalité exigée par la police.
SANDERSON	– Certainement. (*A voix basse tout en écrivant:*) *nom* – Sanderson, John *nationalité* – britannique *numéro du passeport* – L 804384 *durée du séjour* – du 4 au 6 octobre 1976 Et je signe où?
RÉCEPTIONNAIRE	– Là, s'il vous plaît. Voici le portier. Conduisez monsieur à la chambre numéro 10.
PORTIER	– Qu'est-ce que vous avez comme bagages, monsieur?
SANDERSON	– Cette valise et ma serviette.
PORTIER	– Suivez-moi, s'il vous plaît. La chambre 10 est au premier étage, mais nous allons quand-même prendre l'ascenseur.
SANDERSON	– J'espère que c'est une chambre très calme.
PORTIER	– Oh oui, très calme. Elle donne sur le jardin, et très confortable. Nous y voilà.

SANDERSON	– Merci bien. Tenez! (*Il lui donne un pourboire.*)
PORTIER	– Merci beaucoup, monsieur. Au revoir monsieur et bon séjour!
SANDERSON	– Un instant, s'il vous plaît. A quelle heure servez-vous le petit déjeuner?
PORTIER	– A partir de 7.00 heures.
SANDERSON	– Pouvez-vous m'appeler vers 6.30 heures, s'il vous plaît?
PORTIER	– Entendu, monsieur.
SANDERSON	– Une dernière chose. Pouvez-vous me dire s'il y a un bar dans cet hôtel?
PORTIER	– Oui monsieur, au rez-de-chaussée au fond du couloir, deuxième porte à gauche face à la réception.

Fig. 1

SANDERSON	– Merci.
PORTIER	– A votre service. Je laisse la clé à la porte. Bonne soirée, monsieur.

Note

1 Until August 1974 this was compulsory even for French citizens. Since then only foreign visitors need to complete a *fiche*.

Presque plus
fait aujourd'hui

Answer in French

1 Quelle sorte de chambre M. Sanderson veut-il?
2 Quelles nuits M. Sanderson veut-il rester?
3 Quand est-ce qu'il a l'intention de quitter Paris?
4 Qu'est-ce qu'il écrit sur la fiche?
5 Où se trouve la chambre numéro 10?
6 Comment est la chambre?
7 A quelle heure sert-on le petit déjeuner à l'hôtel?
8 A quelle heure M. Sanderson veut-il être appelé?
9 Où est le bar?
10 Que fait le portier de la clé?

Translate

1 What name is it?
2 Do you want me to spell it?
3 If I'm not mistaken.
4 The room is on the first floor.
5 It overlooks the garden.
6 Here we are (arriving).
7 Here you are (giving).
8 On the ground floor.
9 At the end of the corridor.
10 I'll leave the key in the door.

Drills

A Alphabet/Spelling

Exemple: Vous êtes Mr Brown, n'est-ce pas?
Réponse: Oui, voulez-vous que je l'épelle? B.R.O.W.N.

Now continue:

1 Vous êtes Mr Brown, n'est-ce pas?
2 Vous êtes Mr Smith, n'est-ce pas?
3 Vous êtes Mrs Jackson, n'est-ce pas?
4 Vous êtes Miss Glover, n'est-ce pas?

5 Vous êtes Mr Quayle, n'est-ce pas?
6 Vous êtes Mrs Maxwell, n'est-ce pas?
7 Vous êtes Miss Fox, n'est-ce pas?
8 Vous êtes Mr Dempsey, n'est-ce pas?

B Dates (years)

Exemple: Connaissez-vous la date du début de la première guerre mondiale?
Réponse: Oui, c'était en 1914.

Now continue:

1 Connaissez-vous la date du début de la première guerre mondiale?
2 Connaissez-vous la date de la fin de la deuxième guerre mondiale?
3 Connaissez-vous la date de la prise de la Bastille?
4 Connaissez-vous la date des dernières élections en Grande Bretagne?
5 Connaissez-vous la date de l'assassinat du Président J. F. Kennedy?
6 Connaissez-vous la date de l'entrée de la Grande Bretagne dans le Marché commun?
7 Connaissez-vous la date de la bataille de Waterloo?

C Dates (days, months)

Exemple: Vous arrivez le 11 septembre et vous restez deux nuits, n'est-ce pas?
Réponse: C'est exact. Donc je veux la chambre pour les nuits du onze et du douze septembre.

Now continue:

1 Vous arrivez le 11 septembre et vous restez deux nuits, n'est-ce pas?
2 Vous arrivez la veille de Noël et vous restez trois nuits, n'est-ce pas?
3 Vous arrivez le jour de l'an et vous restez deux nuits, n'est-ce pas?
4 Vous arrivez le jour de la Toussaint et vous restez trois nuits, n'est-ce pas?

D *Soir/soirée; matin/matinée, etc.*

Exemple: Vous allez lire dans votre chambre ce soir, je crois...
Réponse: C'est ça. Je vais passer toute la soirée à lire dans ma chambre.

Now continue:

1 Vous allez lire dans votre chambre ce soir, je crois...
2 Elle va travailler au bureau ce matin, je crois...
3 Ils vont visiter la ville aujourd'hui, je crois...
4 Elles vont voyager un an en Europe, je crois...
5 Vous allez regarder la télévision ce soir, je crois...

E Directions

Exemple: Pouvez-vous me dire où est le bar, s'il vous plaît?
(*at the end of the corridor, second door on the right*)
Réponse: Volontiers. Le bar est au bout du couloir, deuxième porte à droite.

Now continue:

1 Pouvez-vous me dire où est le bar, s'il vous plaît?
(*at the end of the corridor, second door on the right*)
2 Pouvez-vous me dire où est la réception, s'il vous plaît?
(*on the ground floor, opposite the entrance*)
3 Pouvez-vous me dire où sont les toilettes, s'il vous plaît?
(*top of the staircase, third door on the left*)
4 Pouvez-vous me dire où est le restaurant, s'il vous plaît?
(*bottom of the staircase, next to the lounge*)
5 Pouvez-vous me dire où est le vestiaire, s'il vous plaît?
(*straight ahead, then right*)

F Time (by the clock)

Exemple: A quelle heure servez-vous le petit déjeuner? (07.15)
Réponse: Nous servons le petit déjeuner à partir de 07.15.

Now continue:

1 A quelle heure servez-vous le petit déjeuner? (07.15)
2 A quelle heure peut-on déjeuner? (12.15)
3 A quelle heure puis-je dîner? (19.30)
4 A quelle heure le bar est-il ouvert? (11.25)
5 A quelle heure pensez-vous être prêt? (14.10)
6 A quelle heure puis-je vous appeler? (18.45)

Rôle-playing

Play the rôle of Mr Jones in the following dialogue: you arrive at the hotel where you have reserved a single room with bathroom for the nights of the fourth and fifth of August. But now you wish to stay one night longer . . .

RÉCEPTIONNAIRE	– Bonsoir monsieur. Vous désirez?
JONES	(*You made your reservation by telephone.*)
RÉCEPTIONNAIRE	– Oui monsieur. C'est à quel nom, s'il vous plaît?
JONES	(*Jones. Ask if she would like you to spell it.*)
RÉCEPTIONNAIRE	– Merci, car je n'ai pas l'habitude des noms anglais. Un instant, s'il vous plaît . . . Voilà, vous avez la chambre douze.
JONES	(*Ask if you have to fill out a fiche.*)
RÉCEPTIONNAIRE	– Oui, s'il vous plaît. Vous mettez votre nom, votre adresse et le numéro de votre passeport. C'est tout.

JONES	(*Ask if she wants your passport.*)
RÉCEPTIONNAIRE	– Non, vous pouvez garder votre passeport. Vous restez deux nuits, n'est-ce pas?
JONES	(*You'd like to stay one more night, if possible.*)
RÉCEPTIONNAIRE	– Mais certainement, monsieur. Donc, vous voulez maintenant rester jusqu'au sept, si je comprends bien?
JONES	(*That's correct.*)
RÉCEPTIONNAIRE	– D'accord. Et à quelle heure voulez-vous prendre le petit déjeuner?
JONES	
RÉCEPTIONNAIRE	– Vous avez des bagages?
JONES	
RÉCEPTIONNAIRE	– Le portier va vous conduire à votre chambre.
JONES	(*Ask where the room is.*)
RÉCEPTIONNAIRE	– Au deuxième étage, troisième porte à gauche. Bonsoir, monsieur.

Guided conversation

With the help of the following information record or write a summary of the dialogue.

Mr Sanderson arrive à la réception (son nom, sa réservation, la durée de son séjour)
Les formalités (nom, adresse, numéro du passeport)
Le portier (bagages)
La chambre (quel numéro? quel étage? comment est-elle?)
Renseignements (heure du petit déjeuner, le bar)

Grammar   NUMBERS, DATES, DIRECTIONS

1 Prepositions in expressions of time and place:

(*a*) ON

on Monday (no preposition in French): *lundi; le lundi*
on the third day: *le troisième jour*
on the 25th January: *le vingt-cinq janvier* (note the use of the cardinal number
on the left: *à gauche* (but – on your left: *sur votre gauche*)
on the first floor: *au premier étage*

(*b*) IN

in September: *en septembre* (or *au mois de septembre*)
in 1960: *en mil neuf cent soixante*
in the hotel: *à l'hôtel/dans l'hôtel*

(c) FROM – TO

from Monday to Wednesday: *du lundi au mercredi*

from 1958 to 1975: *de mil neuf cent cinquante-huit à mil neuf cent soixante-quinze*

2 Time by the clock:

at 7.30 a.m.: *à sept heures trente (du matin)*

about 8.00 p.m.: *vers huit heures (du soir)*

from 11.00 a.m.: *à partir de onze heures*

3 Soir/soirée; matin/matinée; jour/journée; an/année:

As a general rule the feminine form is used when considered as a span of time during which something may happen (as their use in English illustrates; e.g., a matinée performance is one which takes place during the morning hours; a soirée is a social evening party). Otherwise the masculine form is used.

(a) *Il y a sept jours dans une semaine.*
Il a travaillé toute la journée. (i.e. the daylight hours)

(b) *Tous les soirs il va chez sa sœur.*
Hier il a passé la soirée chez sa sœur. (i.e. the evening hours)

Note also the use of the feminine form in the following expressions:

l'année dernière – last year
l'année prochaine – next year
chaque année – each year (but *chaque jour* – each day)

Mr Sanderson strikes up a conversation with a Frenchman in the bar of the hotel...

DUBOIS	– Pardon, monsieur – vous avez du feu?
SANDERSON	– Bien sûr, je vous en prie ... voilà!
DUBOIS	– Merci. Vous voulez une cigarette?
SANDERSON	– Oui, volontiers. Il y a beaucoup de monde ce soir, n'est-ce pas?
DUBOIS	– Quelquefois c'est pire, mais en général l'ambiance est assez amicale.
SANDERSON	– Oui, ça a l'air. Vous êtes un habitué?
DUBOIS	– J'y viens de temps en temps. A propos, je m'appelle Dubois – Marc Dubois.
SANDERSON	– Moi, je m'appelle John Sanderson. Je suis Anglais – enchanté de faire votre connaissance.
DUBOIS	– Mais dites-moi, vous parlez très bien le français.
SANDERSON	– Pas très bien, mais comme je viens souvent en France je fais chaque fois des progrès et je parle de mieux en mieux.
DUBOIS	– Votre français est meilleur que mon anglais. Vous voyagez beaucoup alors, vous devez avoir un métier plus intéressant que le mien!
SANDERSON	– Je suis chef des services d'exportation des établissements SOLPEX qui a sa base en Angleterre. En effet, je voyage beaucoup. Et vous? Qu'est-ce que vous faites dans la vie?
DUBOIS	– Je suis chef comptable dans une grande maison qui emploie plus de 5,000 ouvriers – SONA. Vous en avez peut-être entendu parler? Nous fabriquons des pièces détachées pour l'industrie automobile. La firme a son siège social à Paris et des succursales dans toute la France et même plusieurs filiales à l'étranger, dans les pays membres du Marché commun. Vous habitez Londres?
SANDERSON	– Non, j'habite un coin bien plus joli mais un peu moins connu à l'étranger – le sud-ouest de l'Angleterre, dans le Devon, à côté de Plymouth.
DUBOIS	– Le Devon et la Cornouailles c'est plutôt touristique, n'est-ce pas?
SANDERSON	– Oui, c'est un des coins de vacances les plus populaires pour les Anglais, cependant quelques industries se sont installées dans les environs des villes principales.
DUBOIS	– Laissez-moi vous offrir un verre. Qu'est-ce que vous prenez?

SANDERSON — Un whisky s'il vous plaît. Est-ce bien vrai qu'il est moins cher en France qu'en Angleterre?

DUBOIS — Je ne sais pas, mais de toutes vos exportations c'est certainement la plus appréciée de ce côté-ci de la Manche! Garçon! Deux whisky s'il vous plaît!

Answer in French

1 Comment s'appelle le Français au bar?
2 Que fait-il dans la vie?
3 Pourquoi Mr Sanderson parle-t-il si bien le français?
4 Que fabrique la firme de M. Dubois?
5 Comment savez-vous que SONA est une maison importante?
6 Est-ce que la Cornouailles et le Devon sont uniquement des régions touristiques?
7 Que prennent les deux hommes à boire?
8 Que prenez-vous d'habitude?

Translate

1 Do you have a light?
2 Yes please (accepting offer).
3 The atmosphere is quite friendly.
4 So it seems.
5 You speak very good French.
6 I improve each time.
7 What do you do for a living?
8 Perhaps you've heard of it?
9 Throughout France.
10 Let me get you a drink.

Drills

A Comparison of adjectives and adverbs

Exemple: Le whisky est *apprécié* à Londres ...
Réponse: Oui, mais il est encore *plus apprécié* à Paris.

Now continue:

1 Le whisky est apprécié à Londres ...
2 Les fruits sont bon marché à Londres ...
3 Le bœuf est cher à Londres ...
4 En hiver, il fait froid à Londres ...
5 Les voitures sont chères à Londres ...
6 Les gens travaillent dur à Londres ...
7 Nos produits se vendent bien à Londres ...

B Countries/languages/comparison of adverbs

Exemple: Maintenant, le représentant va *souvent* en France . . .
Réponse: Oui, et par conséquent, il parle *de mieux en mieux* le français.
Exemple: Maintenant, le directeur va *rarement* en Angleterre . . .
Réponse: Oui, et par conséquent, il parle *de moins en moins bien* l'anglais.

Now continue:

1 Maintenant, le représentant va souvent en France . . .
2 Maintenant, le directeur va rarement en Angleterre . . .
3 Maintenant, l'ingénieur va souvent en Italie . . .
4 Maintenant, la secrétaire va rarement en Allemagne . . .
5 Maintenant, le ministre va souvent en Russie . . .
6 Maintenant, le chef des services d'exportation va souvent aux Pays Bas . . .
7 Maintenant, les mécaniciens vont rarement en Suède . . .

C Regions/counties/points of the compass

Exemple: Vous connaissez le Devon?
Réponse: Oui, c'est une région touristique dans le sud-ouest de l'Angleterre.
Exemple: Vous connaissez Manchester?
Réponse: Oui, c'est une ville industrielle dans le nord-ouest de l'Angleterre.

Now continue:

1 Vous connaissez le Devon?
2 Vous connaissez Manchester?
3 Vous connaissez Leeds?
4 Vous connaissez la Côte d'Azur?
5 Vous connaissez Lille?
6 Vous connaissez la Bretagne?
7 Vous connaissez Hambourg?

D Superlatives/word order

Exemple: Ces cigarettes sont très *chères* . . .
Réponse: Ce sont les cigarettes *les plus chères* que je connaisse!

Now continue:

1 Ces cigarettes sont très chères . . .
2 Cette voiture est très petite . . .
3 Ce bar est très grand . . .
4 Ces prix sont très bas . . .
5 Cette boisson est très bonne . . .
6 Ce pays n'est pas très apprécié . . .
7 Ce coin n'est pas très populaire . . .

E Nationalities/superlatives

Exemple: Est-ce qu'on parle *vite* en Italie?
Réponse: Ce sont peut-être les Italiens qui parlent *le plus vite.*

Now continue:

1 Est-ce qu'on parle vite en Italie?
2 Est-ce qu'on parle mal les langues étrangères en Angleterre?
3 Est-ce qu'on parle bien les langues étrangères en Suisse?
4 Est-ce qu'on travaille dur en Chine?
5 Est-ce qu'on apprécie beaucoup le whisky en Ecosse?
6 Est-ce qu'on voyage beaucoup aux Etats-Unis?
7 Est-ce qu'on mange bien en France?

F Adverbs/comparatives/superlatives
Exemple: Elle parle très *bien,* n'est-ce pas?
Réponse: Au contraire, elle parle très *mal!*

Now continue:

1 Elle parle très bien, n'est-ce pas?
2 Il travaille lentement, n'est-ce pas?
3 Ils comprennent mieux maintenant, n'est-ce pas?
4 L'ambiance est plus amicale aujourd'hui, n'est-ce pas?
5 Il voyage moins souvent en Europe ces jours, n'est-ce pas?
6 Les établissements produisent de plus en plus, n'est-ce pas?
7 Ces pièces se vendent le plus facilement depuis quelque temps, n'est-ce pas?

Rôle-playing

Play the rôle of the Englishman in the following conversation. You call in at a bar and strike up a conversation with a Frenchman . . .

FRANÇAIS – Pardon monsieur, vous avez du feu?
ANGLAIS
FRANÇAIS – Vous voulez une cigarette?
ANGLAIS – (*Yes please. Ask if he's a regular customer.*)
FRANÇAIS – Oui, j'y viens de temps en temps, l'ambiance est assez amicale. Vous n'êtes pas d'ici?
ANGLAIS – (*Introduce yourself, giving your name and nationality.*)
FRANÇAIS – Enchanté de faire votre connaissance. Vous parlez couramment le français, je vois!
ANGLAIS – (*You come to France often, and your French keeps improving.*)
FRANÇAIS – Voyagez-vous beaucoup dans votre métier?
ANGLAIS – (*Give details of your job and ask what he does for a living.*)
FRANÇAIS – Moi? Je suis ingénieur, mais je travaille à mon compte.

ANGLAIS   – (*Ask if he speaks English.*)

FRANÇAIS   – Non, je le comprends assez bien, mais parler, c'est beaucoup
                 plus difficile. Où habitez-vous en Angleterre?

ANGLAIS

FRANÇAIS   – Vous vous y plaisez bien?

ANGLAIS

FRANÇAIS   – Quant à moi, j'habite Paris et je trouve la vie ici de plus en
                 plus pénible.

ANGLAIS   – (*Offer him a drink.*)

FRANÇAIS   – Oui, volontiers, je prends un cognac, merci bien. Mais, je
                 suppose que vous aimez mieux le whisky, n'est-ce pas?

ANGLAIS

Guided conversation

*With the help of the following information record or write a summary of the
dialogue.*

Mr Sanderson au bar,
sa rencontre (avec qui? comment?),
le Français (un habitué? sa situation?),
Mr Sanderson (ses connaissances de français? pourquoi?),
la SONA (grande? petite? internationale? quel produit?),
le pays de Mr Sanderson (où? connu?),
le whisky (la remarque du Français?).

Grammar   COMPARISON OF ADJECTIVES AND ADVERBS, COUNTRIES,
                                        LANGUAGES, NATIONALITIES

SEE TABLE ON FACING PAGE

e.g.,

   *Ce pays est **moins grand que** la France* – This country is *not as big as*
        France.
   *Ils parlent **aussi vite que** les Italiens* – They speak *just as quickly as* the
        Italians.
   *C'est le **meilleur** joueur* – He's the *best* player. (adj.)
*but C'est lui qui joue **le mieux*** – He plays *best*. (adv.)

1 Comparison of adjectives and adverbs:

	Positive	Comparative		Superlative	
Regular					
Adjective (agreement)	grand(e)(s)	moins grand(e)(s) aussi plus	que	le/la/les plus grand(e)(s) moins	de
Adverb (no agreement)	vite	moins vite aussi plus	que	le plus vite moins	de
Irregular					
Adjective	bon(ne)(s)	moins bon(ne)(s) aussi bon(ne)(s) meilleur(e)(s)	que	le/la/les moins bon(ne)(s) le/la/les meilleur(e)(s)	de
	mauvais(e)(s)	moins mauvais(e)(s) aussi mauvais(e)(s) plus mauvais(e)(s) *pire(s)	que	le/la/les moins mauvais(e)(s) le/la/les plus mauvais(e)(s) *le/la/les pire(s)	de
Adverb	bien	moins bien aussi bien mieux	que	le moins bien le mieux	de
	mal	moins mal aussi mal plus mal	que	le plus mal	de

2 Position of adjective in comparative and superlative forms:

Before or after the noun as in the positive form, e.g.,

*la **bonne** cuisine*	*la **meilleure** cuisine du monde*
*les voitures **chères***	*les voitures **les plus chères** du monde*

3 Nationality/language:

(*a*) Capital initial letter for *country and inhabitant* only:
   *Il est **Français**, mais il habite en **Angleterre**.*

(*b*) Small initial letter for *language and adjective:*
   *Dans beaucoup de villes **suisses** on comprend le **français** et l'**allemand**.*

(*c*) Definite article with the language in the majority of cases:
   *Le **russe** est plus difficile que l'**italien**.*
   *Il comprend l'**espagnol** et le **portugais**.*

   But: *Il parle **français**.* The article is only used with *parler* when an
      adverb is present, e.g.:

*Il **parle** bien*	*le français.*
très bien	
mal	
très mal	
couramment	

4 Country/county:

(*a*) Most countries are feminine and are usually preceded by the definite
   article:
   *La **France** est mon pays préféré.*
   *Il visite souvent l'**Espagne**.*
   *L'**Italie** et la **Grèce** sont des pays touristiques.*
   Note the exception to the rule with 'returning':
   *Il rentre de **France**.*
   *Elle revient d'**Angleterre**.*
   'In' or 'to' are expressed by *en* when the country is feminine:
   *J'ai passé un an **en** France.*
   *Il va chaque année **en** Allemagne.*

Mr Sanderson arrives early for his appointment with Mme Legrand, an important French client, but is well looked after by her secretary . . .

SECRÉTAIRE   – Bonjour, monsieur.

SANDERSON   – Bonjour, mademoiselle. Permettez-moi de me présenter – je suis John Sanderson, représentant des établissements SOLPEX de Londres, et j'ai rendez-vous avec Mme Legrand à 11.00 heures. Je suis un peu en avance mais . . .

SECRÉTAIRE   – Ça ne fait rien, Mr Sanderson. Asseyez-vous, je vous en prie. Mme Legrand ne peut pas vous recevoir tout de suite; elle est occupée jusqu'à 10.45 heures, mais en attendant voulez-vous prendre une tasse de café?

SANDERSON   – Oui, volontiers. Vous permettez que je fume?

SECRÉTAIRE   – Faites seulement, je vous en prie. Vous avez fait bon voyage, Mr Sanderson?

SANDERSON   – Oui, je vous remercie, très bon, à part un peu de retard à Londres au décollage.

SECRÉTAIRE   – Pourquoi? A cause du brouillard?

SANDERSON   – Non, à cause d'une grève du personnel au sol.

SECRÉTAIRE   – Et pour quelle raison les employés étaient-ils en grève?

SANDERSON   – Oh, vous savez, comme d'habitude – afin d'obtenir une augmentation de salaire pour compenser la hausse des prix.

SECRÉTAIRE   – Ah, cette inflation! C'est partout pareil. Mais je croyais que la vie en Angleterre coûtait moins cher qu'en Europe. Il y a quelques années tout était bon marché chez vous comparé à la France. Je me rappelle lorsque j'étais à Londres . . .

SANDERSON   – Vous connaissez mon pays alors?

SECRÉTAIRE   – Oui, en '73 je voulais apprendre l'anglais et le meilleur moyen était bien entendu de faire un séjour linguistique dans le pays. Je logeais dans une famille dans la banlieue de Londres et je suivais des cours de sténographie et de dactylographie dans un collège technique. A cette époque on pouvait faire de bonnes affaires – j'achetais des pullovers, ils étaient tellement meilleur marché.

SANDERSON   – Si vous voyiez les prix maintenant! Les choses ont bien changé; et la situation n'a pas l'air de s'améliorer.

SECRÉTAIRE   – Oui, c'est de pire en pire. Je vois qu'il est 10.55 heures. Je vais prévenir Madame Legrand de votre arrivée. Ne vous dérangez pas, vous avez le temps, finissez votre café!

Answer in French

1 Est-ce que Mr Sanderson arrive en retard à son rendez-vous?
2 Pourquoi Mme Legrand ne peut-elle pas recevoir Mr Sanderson tout de suite?
3 Que propose la secrétaire à Mr Sanderson en attendant?
4 Pourquoi y avait-il du retard au décollage?
5 Pourquoi les employés étaient-ils en grève?
6 La secrétaire trouvait-elle la vie chère quand elle était en Angleterre?
7 Pourquoi la secrétaire était-elle à Londres en '73?
8 Qu'achetait-elle à Londres? Pourquoi?
9 Comment est la situation actuellement d'après Mr Sanderson?
10 Maintenant qu'il est 10.55 heures que va faire la secrétaire?

Translate

1 Allow me to introduce myself.
2 I have an appointment at 11.00.
3 I'm a little early.
4 Do you mind if I smoke?
5 Please do.
6 Did you have a good trip?
7 Things have certainly changed.
8 It's the same everywhere.
9 I took a course in shorthand and typing.
10 Things are going from bad to worse.
11 I'll let Mme Legrand know you are here.

Drills

A Time: *à l'heure/en avance/en retard*

Exemple: Il est 10.00 heures et votre rendez-vous est à 10.00 heures . . .
Réponse: Oui, je suis à l'heure, n'est-ce pas.
Exemple: Il est 9.15 heures et votre rendez-vous était à 9.00 heures . . .
Réponse: Oui, je suis un peu en retard, n'est-ce pas.

Now continue:

1 Il est 10.00 heures et votre rendez-vous est à 10.00 heures . . .
2 Il est 9.15 heures et votre rendez-vous était à 9.00 heures . . .
3 Il est 4.30 heures et votre rendez-vous était à 4.15 heures . . .
4 Il est 10.45 heures et votre rendez-vous est à 11.00 heures . . .
5 Il est 3.15 heures et votre rendez-vous est à 3.15 heures . . .
6 Il est 8.45 heures et votre rendez-vous est à 9.00 heures . . .

B Imperfect (habitual/repeated past action)

Exemple: Je ne vais plus en France   (très souvent)
Réponse: Et pourtant vous alliez très souvent en France quand vous étiez jeune.

Now continue:

1 Je ne vais plus en France   (très souvent)
2 Il ne fait plus de fautes   (sans cesse)
3 Nous ne nous écrivons plus   (assez régulièrement)
4 Elle ne fume plus   (de temps en temps)
5 Ils ne viennent plus vous voir   (quelquefois)
6 Elles ne se lèvent plus à 7.00 heures   (toujours)

C Imperfect (state of affairs at a given time in the past)

Exemple: Vous savez que maintenant je vais habiter le sud-ouest de l'Angleterre?   (l'année dernière)
Réponse: Mais je croyais que vous habitiez déjà le sud-ouest de l'Angleterre l'année dernière.

Now continue:

1 Vous savez que maintenant je vais habiter le sud-ouest de l'Angleterre? (l'année dernière)
2 Vous savez que maintenant nos représentants vont venir en France? (en '74)
3 Vous savez que maintenant elle va apprendre le russe?   (il y a deux ans)
4 Vous savez que maintenant il va y avoir une grève du personnel au sol? (le mois dernier)
5 Vous savez que maintenant je vais me lever tous les matins à 6.00 heures?   (l'hiver dernier)
6 Vous savez que maintenant beaucoup de secrétaires vont faire des séjours linguistiques?   (au cours des années '60)
7 Vous savez que maintenant on ne va plus remplir de fiches dans les hôtels?   (déjà l'été dernier)

D Imperfect in 'if' clauses:

Exemple: Est-ce qu'il parle français?
Réponse: Ah, si seulement il parlait français!

Now continue:

1 Est-ce qu'il parle français?
2 Est-ce que vous avez une réservation?
3 Est-ce qu'elle est en bonne santé?
4 Est-ce que vous pouvez venir?

5 Est-ce qu'il y a des séjours linguistiques?
6 Est-ce qu'il veut apprendre une langue?
7 Est-ce qu'elles font ce qu'on leur dit?

Translate

I used to work for a small firm which manufactured car components and I often went to France to visit customers. I didn't speak French very well at the time, but the French people I met were always very kind and usually spoke good English – at any rate their English was always better than my French! I didn't have much money but prices were not too high and you could eat well for a few francs. However, a few years later the cost of living was already starting to increase rapidly and bargains were becoming more and more difficult to find. In the sixties I can remember I used to wonder how the French people lived. Everything seemed so much more expensive than in England! Mind you, things have changed here too now. Inflation's the same everywhere nowadays!

Rôle-playing

You represent your firm and you have an appointment with M. Laroche at 11.00, but you arrive a little early . . .

SECRÉTAIRE – Bonjour, monsieur.
L'ANGLAIS   – (*Introduce yourself.*)
SECRÉTAIRE – Avec qui avez-vous rendez-vous, monsieur?
L'ANGLAIS   – (*With M. Laroche at 11.00. Apologise for being early.*)
SECRÉTAIRE – Ça ne fait rien, monsieur. Je vais voir si Monsieur le Direc-
                    teur peut vous recevoir tout de suite. Attendez un instant,
                    je vous prie!
L'ANGLAIS   – (*That's very kind. Thank her.*)
SECRÉTAIRE – Je regrette, monsieur, mais Monsieur le Directeur n'est pas
                    libre avant 11.00 heures. En attendant voulez-vous prendre
                    quelque chose? Du café? Ou préférez-vous du thé? Les
                    Anglais aiment beaucoup le thé, n'est-ce pas?
L'ANGLAIS   – (. . . *Does she mind if you smoke?*)
SECRÉTAIRE – Faites seulement, je vous en prie. Est-ce qu'il faisait mauvais
                    temps à Londres? Est-ce qu'il y avait du brouillard?
L'ANGLAIS   – (*The weather was good, but take-off was delayed by a strike
                    of ground staff.*)
SECRÉTAIRE – Oh, il y a beaucoup de grèves ces jours-ci. C'est dans tous
                    les pays pareil! Le métro parisien était en grève l'autre jour
                    et il y avait des embouteillages monstres surtout aux heures
                    de pointe le matin et le soir. Et la circulation à Londres,
                    est-elle toujours intense?

L'ANGLAIS – (*It gets worse and worse. Does she know England?*)
SECRÉTAIRE – Oui, j'étais à Londres en 1972 pour apprendre l'anglais. Je me rappelle combien la vie était meilleur marché que chez nous.
L'ANGLAIS – (*She should see prices now! Things have really changed!*)
SECRÉTAIRE – Ah, je vois qu'il est maintenant 11.00 heures. Je crois que M. Laroche peut vous recevoir. Suivez-moi s'il vous plaît ...

Guided conversation

With the help of the following information record or write a summary of the dialogue

Le rendez-vous de Mr Sanderson (à quelle heure?),
sa réception par la secrétaire (café; thé),
leur conversation (son voyage; la grève; l'inflation),
les connaissances en anglais de la secrétaire (son séjour en Angleterre),
ce qu'elle fait à 10.55 heures.

Grammar

IMPERFECT TENSE

1 Formation:

Imperfect stem + imperfect ending.

With the exception of *être** the Imperfect stem of all verbs is formed from the 1st person plural Present Indicative which drops the *–ons* ending, e.g.:

je	—ais
tu	—ais
il	—ait
nous	—ions
vous	—iez
ils	—aient

avoir: *avons* av—
faire: *faisons* fais—
finir: *finissons* finiss—

**être: *sommes* ét—

j'avais	j'étais
tu avais	tu étais
il avait	il était
nous avions	nous étions
vous aviez	vous étiez
ils avaient	ils étaient

2 Use:

(a) The Imperfect always translates 'was (were) doing' and 'used to do', 'would do':
  J'achetais des pullovers – I (used to/would) buy pullovers.

Il attendait le train – He was waiting for the train.
Quand j'étais jeune, j'allais souvent en France – When I was young I
often went (i.e. used to/would go) to France.

3 Habitual/repeated actions in the past:

e.g. *Il avait l'habitude de venir me voir tous les lundis* – He was in the habit
of coming (he would/he used to come) to see me every Monday.
Ils le répétaient sans cesse – They kept on saying it.

4 Description in the past (when time of starting is not indicated):

Il y avait des embouteillages aux heures de pointe – There were traffic
jams during the rush hour.
Ils dormaient à poings fermés – They were fast asleep.

5 Imperfect in 'if' clauses:

Si seulement il avait de l'argent! – If only he had money!
         Imperfect   Conditional
S'il avait de l'argent il pourrait venir nous voir.

Mr Sanderson meets Mme Legrand. He talks about his firm's new products, and explains the reason for the increase in price.

LEGRAND — Bonjour, Mr Sanderson, enchantée de faire votre connaissance.

SANDERSON — Enchanté, madame.

LEGRAND — Excusez-moi de vous avoir fait attendre.

SANDERSON — Cela ne fait rien. D'ailleurs votre secrétaire s'est bien occupée de moi, elle m'a offert une tasse de café.

LEGRAND — Alors c'est parfait! Je vous remercie d'être venu car votre temps est précieux, j'imagine. Maintenant parlons affaires!

SANDERSON — Je suis venu vous présenter nos nouveaux produits. Je vous ai apporté quelques pièces-échantillons ainsi que nos dernières brochures, si vous voulez jeter un coup d'œil. Ces deux pièces-là sont nouvelles et complètent ainsi la gamme de nos produits. Je peux vous assurer que, depuis leur lancement l'année dernière, ces articles se sont bien vendus sur le marché anglais.

LEGRAND — Quels en sont les prix?

SANDERSON — J'ai le regret de vous informer que d'une manière générale nos prix ont légèrement augmenté.

LEGRAND — Et il va sans dire que cette hausse est indépendante de votre volonté, n'est-ce pas?

SANDERSON — Exactement! Elle est due à deux choses: d'abord à un relèvement général des salaires[1] (il y a eu des grèves au début de l'année), et ensuite nos frais généraux – entretien, gaz, électricité, transport, charges sociales – ont aussi augmenté.

LEGRAND — Mais cette hausse des prix me semble assez importante!

SANDERSON — Elle est de 2,5%[2] seulement, et en dépit de cela nos prix défient toute concurrence, car la qualité de nos articles est nettement supérieure.

LEGRAND — Effectivement. Je crois que ces deux modèles-là plairont assez à la clientèle française.

SANDERSON — C'est ce que nous avons pensé.

LEGRAND — Bon, je vois qu'il est déjà midi.[3] Si vous voulez bien, allons déjeuner ensemble. Nous continuerons notre discussion à table ou après.

SANDERSON — Volontiers, car j'ai une faim de loup! Je me suis levé de bonne heure ce matin, je me suis dépêché, et je n'ai pas eu le temps de déjeuner convenablement.

LEGRAND   – Bon, allons-y. Mais n'oubliez pas les brochures que vous
              avez apportées.

Notes

1 *'Salaires'* translates wages as well as salaries. However, most French
  workers are paid monthly, *'la mensualisation'* having been brought in
  during 1971 and 1972.
2 *'2,5%.'* A comma represents the decimal point. Read: *'deux virgule cinq
  pour-cent'.*
3 Lunch is taken early in France and a two-hour lunch break (12.00–
  14.00) is still very common.

Fig. 2. (Reproduced by permission of Punch.)

Answer in French

1 Pourquoi Mme Legrand demande-t-elle à Mr Sanderson de l'excuser?
2 Qu'est-ce que la secrétaire a offert à Mr Sanderson?
3 Qu'est-ce qu'il a apporté?
4 Est-ce que les nouveaux articles se sont bien vendus sur le marché
  anglais?
5 Est-ce que les prix des produits ont augmenté?
6 Est-ce que la hausse est importante?
7 A quoi la hausse des prix est-elle due?
8 Que propose Mme Legrand?
9 Pourquoi Mr Sanderson a-t-il faim?
10 Que pense Mme Legrand des deux modèles qu'a apportés Mr Sanderson?

Translate

1 Forgive me for having kept you waiting!
2 Thank you for coming.
3 If you'd like to take a look.
4 How much do they cost?
5 It goes without saying.
6 I'm sorry to have to tell you ...
7 A general increase in wages.
8 Despite that our prices are highly competitive.
9 That's what we thought!
10 I didn't have time to have a proper breakfast.

Drills

A Introductions

Exemple: Je vous présente Mr Sanderson.
Réponse: Bonjour, Mr Sanderson, enchanté de faire votre connaissance.

1 Mr Sanderson.
2 Mlle Granjard.
3 M. Dubois.

4 Mme Legrand.
5 M. Dupont.

(*Now continue the pattern giving examples of your own.*)

6
7
8

9
10

B Perfect tense with *avoir*

Exemple: Les ouvriers demandent encore une augmentation de salaire!
(au début de l'année)
Réponse: Mais ils ont déjà demandé une augmentation de salaire au
début de l'année!

Now continue:

1 Les ouvriers demandent encore une augmentation de salaire! (au
début de l'année)
2 Le prix de l'acier augmente encore! (le mois dernier)
3 Nous avons encore une grève! (cette année)
4 Attendez encore cinq minutes! (une demi-heure)
5 Il est encore chez eux! (toute la matinée)
6 Il y a une restriction de crédit! (en avril)
7 Finissez votre café! (il y a cinq minutes)
8 Nos concurrents sortent encore un nouveau modèle! (l'année dernière)

C Perfect tense with *être*

Exemple: Le représentant vient présenter ses produits aujourd'hui.
Réponse: Pourquoi n'est-il pas venu présenter ses produits hier?

Now continue:

1 Le représentant vient présenter ses produits aujourd'hui.
2 Mes collègues vont chez des amis aujourd'hui.
3 La patronne part de bonne heure aujourd'hui.
4 Les secrétaires se dépêchent aujourd'hui.
5 Le contrat se fait aujourd'hui.
6 Les nouvelles pièces détachées arrivent aujourd'hui.
7 La grève se termine aujourd'hui.
8 Nous restons à l'usine jusqu'à 18.00 heures aujourd'hui.

D Perfect tense with *avoir* and *être*

Exemple: Comment! vendre ses produits sur le marché français!
Réponse: Bien sûr que j'ai vendu mes produits sur le marché français!

Now continue:

1 Comment! vendre ses produits sur le marché français!
2 Comment! atteindre son objectif en trois mois!
3 Comment! se lever de bonne heure pendant les vacances!
4 Comment! arriver à l'heure tous les jours!
5 Comment! être en grève si souvent que ça!
6 Comment! aller en France sans voiture!
7 Comment! apporter des échantillons chaque fois!
8 Comment! se faire du souci à cause du prix!

E Agreement/non agreement of past participle

Re-write the following sentences in the perfect tense:

e.g.: Il *lit* les documents que son collègue *pose* sur la table.
      Il *a lu* les documents que son collègue *a posés* sur la table.

Now continue:

1 Ils *se lavent* les mains, puis ils *partent*.
2 Les faillites *se multiplient* cette année.
3 Les deux concurrents *se disent* bonjour quand ils *se rencontrent*.
4 Quelle usine *visitez*-vous?
5 Je *visite* l'usine qui *ferme* à cause de la grève.
6 Voici les deux modèles que je *choisis*.
7 Les directeurs signent les lettres qu'*écrivent* les secrétaires.

Rôle-playing

Play the part of Mr Sanderson in the following dialogue:

LEGRAND — Bonjour Mr Sanderson, enchantée de faire votre connaissance.

SANDERSON

LEGRAND — Vous avez fait bon voyage?

SANDERSON

LEGRAND — Alors, qu'est-ce que vous avez apporté d'Angleterre?

SANDERSON

LEGRAND — Qu'est-ce qui a changé depuis l'année dernière?

SANDERSON — (*Because of inflation there's been a general increase in prices.*)

LEGRAND — Pour quelles autres raisons vos prix ont-ils augmenté?

SANDERSON — (*Wage increases and overheads.*)

LEGRAND — Et la situation économique en Grande Bretagne? Vous avez remarqué un changement récemment?

SANDERSON

LEGRAND — Je suis sûre que vous avez raison. Mais je vois qu'il est déjà midi. Vous n'avez pas encore mangé?

SANDERSON — (*No, and you're ravenous, as you got up early and had no proper breakfast.*)

LEGRAND — Bon, allons déjeuner ensemble! Nous continuerons notre conversation après.

Grammar

PERFECT TENSE

1 Use:

The perfect tense (*passé composé*) is used to express a **completed** action, and corresponds to the English forms: has (have) done; did; did do:

Il a apporté des échantillons – He **has brought** some samples.

Il a apporté des échantillons hier – He **brought** some samples yesterday.

S'il a apporté des échantillons, il ne les a pas apportés hier! – If he **did bring** any samples, he **didn't bring** them yesterday!

2 Formation:

Two elements: (i) present tense of an auxiliary verb (*avoir/être*) with (ii) past participle.

(*a*) Past participle of regular verbs: formed according to type:

Type	Infinitive	Change	Past Participle
–er	*apporter*	*er – é*	*apporté*
–ir	*finir*	*ir – i*	*fini*
–re	*vendre*	*re – u*	*vendu*

(*b*) Past participle of irregular verbs: irregular verbs form their past participle in a variety of ways and must be learned separately, e.g.:
être – été; avoir – eu; faire – fait.

However, some irregular groups tend to have characteristic past participles, and some general guidance can be given, e.g.:

–evoir verbs form their past participle in *–u:*
recevoir – reçu; devoir – dû; apercevoir – aperçu.
–uire verbs form their past participle in *–uit:*
conduire – conduit; produire – produit; cuire – cuit.
–eindre/–aindre verbs form their past participle in *–eint/–aint:*
peindre – peint; atteindre – atteint; craindre – craint.
–oindre verbs form their past participle in *–oint:*
joindre – joint.

3 Auxiliary verbs:

(a) All transitive verbs (i.e. verbs taking a direct object) and a large number of intransitive verbs take *avoir*.
Transitive: *J'ai rencontré mon ami Dupont.*
Intransitive: *Les prix n'ont pas augmenté.*

(b) All reflexive verbs and intransitive verbs denoting change of place or state take *être*.
Intransitive (change of place): *il est venu ce matin.*
Intransitive (change of state): *ils sont devenus riches.*
Reflexive: *elle s'est levée tôt ce matin.*

4 Past participle agreement:

(a) *avoir* verbs: no agreement unless the direct object precedes the auxiliary verb, in which case the past participle agrees in number and gender with that **preceding direct object (PDO)**, e.g.:
J'ai apporté les lettres.   (No agreement)
Quelles lettres (PDO) avez-vous apportées?   (Agreement)
Hence:
Elle a apporté les lettres que j'ai écrites ce matin.
J'ai écrit les lettres et je les ai signées tout de suite.
Note also:
Après les avoir lues, j'ai mis les lettres de côté.

(b) *être* verbs:

(i) Intransitive verbs:
Past participle agrees in number and gender with the subject, e.g.:
L'usine est devenue très grande.
Les ouvriers sont partis à 18.00 heures.
Note also:
Après être arrivés ils ont mangé.   (After having arrived they ate.)

(ii) Reflexive verbs:
Past participles agree with reflexive pronouns unless there is another direct object present, in which case the PDO rule applies (see 4a):

Agreement:
> *Elle s'est lavée.*
> *Nous **nous** sommes rencontrés l'année dernière.*

No agreement:
> *Elle s'est lavé **les mains**.*
> *Ils se sont écrit **plusieurs lettres**.*

Note also:
> *S'est-elle lavé **les cheveux?***
> *Oui, elle se **les** est lavés.*   (*PDO*)

Cars and driving are discussed on the way to a local restaurant, where a typical meal is ordered.

LEGRAND   – Prenons l'ascenseur, cela ira plus vite. Vous connaissez bien Paris?

SANDERSON   – Un peu, en touriste. J'y suis venu en voyage de noces.

LEGRAND   – Alors, inutile de vous demander si vous en gardez un excellent souvenir ...! Je vais vous indiquer un restaurant du quartier où la cuisine est bonne et pas tellement chère. Allons-y en voiture; la mienne est garée dans le parking où le stationnement est gratuit. C'est bien pratique, car je n'ai pas à me soucier de la zone bleue,[1] ni des parcmètres, ni des contractuels!

SANDERSON   – Quelle marque de voiture avez-vous?

LEGRAND   – J'ai une Citroën. La voici!

SANDERSON   – Vous en êtes contente?

LEGRAND   – Oui, elle me plaît beaucoup. J'ai eu quelques petits ennuis avec, mais rien de sérieux.

SANDERSON   – Nous avons changé la nôtre, il y a quelques mois. J'ai acheté une Capri.

LEGRAND   – Oui, je connais, on en voit beaucoup en France.

SANDERSON   – Conduire dans Paris n'est pas facile!

LEGRAND   – Ah ça non! Le Parisien conduit vite, il n'est pas poli au volant, et il vous 'engueule' si vous ne connaissez pas votre chemin ...

                Voici le restaurant. Ce n'est pas la Tour d'Argent,[2] mais ce n'est pas mal dans un genre différent, et le service est rapide – ce qui compte lorsqu'on est pressé.

SANDERSON   – Après vous, madame.

GARÇON   – Messieurs-dames, deux couverts? Par ici, s'il vous plaît. Cette table vous convient-elle?

LEGRAND   – Merci. Le menu du jour à 35 francs, tout compris, n'est pas mal d'habitude. Voyons voir ...
- *crudités ou pâté maison*
- *steak ou sole meunière*
- *haricots verts ou pommes frites*
- *salade verte*
- *fromage ou fruit ou pâtisserie maison*
- *carafe*[3] *de vin*

                Que préférez-vous comme entrée?

SANDERSON   – Pour moi le pâté maison.

LEGRAND	– Je vais prendre les crudités. Je dois penser à ma ligne!
GARÇON	– Vous avez choisi messieurs-dames?
LEGRAND	– Oui, un pâté maison et une 'crudités'.
GARÇON	– Et ensuite?
LEGRAND	– Je prends le steak pommes frites.
SANDERSON	– Moi aussi.
GARÇON	– Comment le préférez-vous votre steak? Bien cuit, à point, saignant?
L et S	– A point!
GARÇON	– Et comme boisson?
LEGRAND	– Nous n'allons pas prendre une carafe, mais quelque chose de meilleur. Apportez-nous la carte des vins,[4] s'il vous plaît.
GARÇON	– D'accord, je vous l'apporte tout de suite.
SANDERSON	– Je me rappelle avoir très bien mangé à Paris.
LEGRAND	– Oui, la cuisine à Paris est bonne, mais elle ne vaut pas la cuisine lyonnaise.[5] Enfin, tant pis car de toute façon, nous n'avons pas le temps aujourd'hui de prendre un menu gastronomique.[6]

Notes

1 *la zone bleue:* urban areas where free street parking is limited to approximately one and a half hours. Motorists parking their cars must leave a disc prominently displayed in their windscreen showing their arrival and parking allocation time (see fig. 3). Discs are available free on demand from most garages.

2 *La Tour d'Argent:* one of the most exclusive and famous of the Paris restaurants on the bank of the Seine, overlooking Notre-Dame.

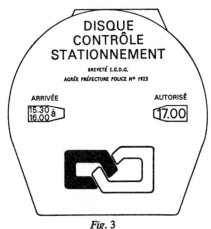

Fig. 3

3 *carafe de vin:* wine which is included in the price of the meal in small restaurants is usually served in plain glass decanters containing a quarter of a litre of *vin ordinaire* per person.

4 See Passive Section, Passage 1, p. 129.

5 *la cuisine lyonnaise:* Lyon is generally considered to be the gastronomic capital of France and the surrounding areas are famous for the *cuisine*.

6 See p. 31.

Answer in French

1 Pourquoi prennent-ils l'ascenseur?
2 Est-ce que Mr Sanderson connaît bien Paris? Pourquoi?
3 Où Mme Legrand a-t-elle garé sa voiture?
4 Est-ce qu'elle est contente de sa voiture?
5 Pourquoi n'est-il pas facile de conduire dans Paris?
6 Que prennent-ils comme entrée?
7 Quel choix de dessert y a-t-il?
8 Pourquoi ne commandent-ils pas une carafe de vin?
9 Pourquoi ne prennent-ils pas de menu gastronomique?
10 Est-ce que la cuisine à Paris est bonne?

Translate

1 Do you know Paris well?
2 The food is good.
3 It's very handy.
4 What kind of car do you have?
5 Are you pleased with it?
6 Never mind!
7 Let's have a look.
8 I'll have the steak – medium.
9 I must think of my figure.
10 You see many in France.

Drills

A Object pronouns in statements

Exemple: Vous voyez *ma voiture?*
Réponse: Oui, je *la* vois.

Now continue:

1 Vous voyez *ma voiture?*
2 Ils ont indiqué *ce restaurant à leurs amis?*
3 Elle ne va pas prendre *la pâtisserie maison?*
4 Vous allez expliquer *le système à votre chef?*
5 Ont-ils garé *leur voiture devant le restaurant?*
6 Vous n'avez pas pu manger *des escargots?*
7 Est-ce qu'on se fait 'engueuler' *à Paris?*
8 Vous préférez *votre steak* bien cuit?

B Object pronouns in commands

Exemple: Allons *au restaurant!*

Réponse: Oui, allons-*y!*

Now continue:

1 Allons *au restaurant!*
2 Laissez *votre voiture* ici! (non)
3 Apportez-nous *la carte des vins!*
4 Prenons encore *du vin!* (non)
5 Donnez *de l'eau à mon collègue!*
6 Allons-nous-en! (non)

C Possessive pronouns

Exemple: Nous vendons bien nos machines. (nos concurrents aussi)

Réponse: Nos concurrents aussi, ils vendent bien les leurs!

Now continue:

1 Nous vendons bien nos machines. (nos concurrents aussi)
2 Mlle Mercier n'aime pas sa nouvelle machine à écrire. (ma secrétaire non plus . . .)
3 Mon collègue veut changer sa voiture. (M. et Mme Leroy aussi . . .)
4 Ils sont fiers de leurs produits. (nous aussi . . .)
5 Elle n'aime pas bien son nouveau patron. (moi non plus . . .)
6 Je dois penser à mes frais généraux. (vous aussi . . .)

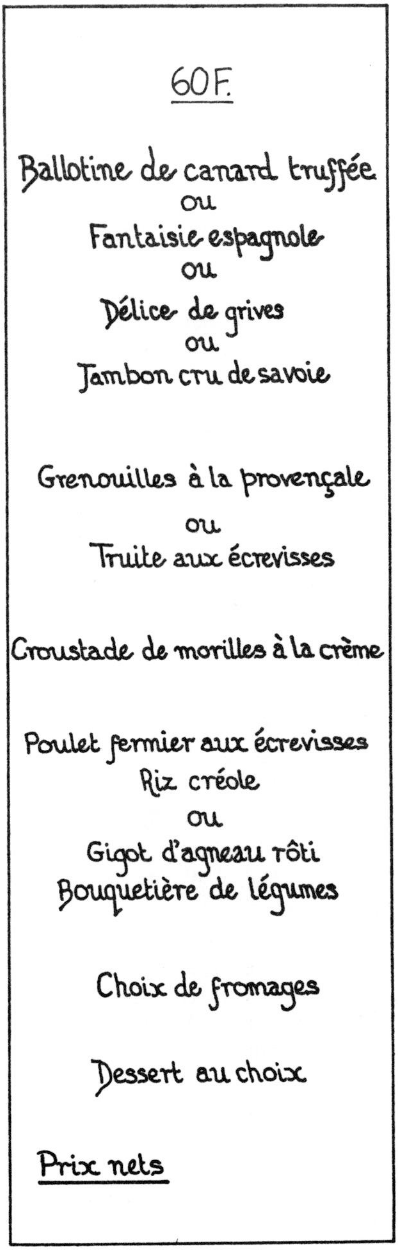

Fig. 4 Menu gastronomique.

---

60 F.

Ballotine de canard truffée
ou
Fantaisie espagnole
ou
Délice de grives
ou
Jambon cru de savoie

Grenouilles à la provençale
ou
Truite aux écrevisses

Croustade de morilles à la crème

Poulet fermier aux écrevisses
Riz créole
ou
Gigot d'agneau rôti
Bouquetière de légumes

Choix de fromages

Dessert au choix

Prix nets

7 Nous n'avons pas eu de difficulté avec ce modèle. (nos concurrents non plus . . .)
8 Elle a trouvé sa sole délicieuse. (moi aussi . . .)

D y/en

Exemple: Vous devriez boire un peu de ce vin!
Réponse: Merci, j'en ai déjà bu.

Now continue:

1 Vous devriez boire un peu de ce vin!
2 Vous devriez prendre de ce pâté!
3 Vous devriez entrer dans la salle à manger!
4 Vous devriez parler de ce restaurant à vos collègues!
5 Vous devriez penser à envoyer une carte à votre directeur.
6 Vous devriez aller en ville!
7 Vous devriez commander des grenouilles!
8 Vous devriez vous mettre au travail!

E Pronouns with *voilà*

Exemple: Vous voyez une table?
Réponse: Une table? Attendez, oui, en voilà une!

Now continue:

1 Vous voyez une table?
2 Vous voyez ma secrétaire?
3 Vous voyez mes lettres?
4 Vous voyez quelques places libres?
5 Vous voyez un menu?
6 Vous voyez le parking?

F Disjunctive pronouns

Exemple: Vous êtes allé manger chez *les Dupont,* n'est-ce pas?
Réponse: Oui, je suis allé manger chez *eux.*

Now continue:

1 Vous êtes allé manger chez *les Dupont,* n'est-ce pas?
2 *Vous* restez ici et *votre collègue part,* n'est-ce pas?
3 C'est *Mme Mercier* qui vous a appelé, n'est-ce pas?
4 Qui m'a téléphoné? *Le directeur,* n'est-ce pas?
5 *Il* arrive avant *mon collègue et moi,* n'est-ce pas?

Rôle-playing

Play the part of Mr Sanderson in the following dialogue:

LEGRAND   – Vous connaissez bien Paris?
SANDERSON   – (*Only slightly as a tourist—on your honeymoon.*)
LEGRAND   – Donc vous en avez gardé un excellent souvenir!

SANDERSON — (*You enjoyed your stay immensely.*)

LEGRAND — Où mangez-vous à midi en Angleterre? A la cantine de l'usine? Ou cela dépend-il de votre lieu de travail?

SANDERSON

LEGRAND — Allons-y en voiture. Malheureusement la circulation intense pose des problèmes. Est-ce qu'il y a beaucoup de circulation chez vous aux heures de pointe?

SANDERSON

LEGRAND — Quelle marque de voiture avez-vous, une marque anglaise ou étrangère?

SANDERSON — (*Answer. Is she pleased with her car?*)

LEGRAND — Oui, j'en suis assez contente. En Angleterre les voitures sont-elles plus chères qu'en France ou moins chères, ou les prix sont-ils à peu près pareils?

SANDERSON

LEGRAND — Comment préférez-vous votre viande?

SANDERSON

LEGRAND — Et comme légumes?

SANDERSON

LEGRAND — Je vais prendre la même chose.

GARÇON — Vous avez choisi messieurs-dames?

SANDERSON

GARÇON — Et comme dessert?

SANDERSON

GARÇON — Et comme boisson?

SANDERSON — (*Suggest something better than the carafe wine and ask for the wine list.*)

LEGRAND — C'est une bonne idée! Vous m'apporterez la note avec le café car nous sommes pressés.

SANDERSON — (*The bill must be brought to you.*)

LEGRAND — Non, j'insiste. C'est moi qui vous ai invité. C'est à moi de payer.

SANDERSON — (*In that case you look forward to entertaining her to lunch in England.*)

Grammar

PRONOUNS

1 Word order with object pronouns:

Direct object Indirect object reflexive	reflexive	direct obj	indirect obj	
me				
te	*se*	*le, la, l'*	*lui*	*y/en*
nous				
vous	*se*	*les*	*leur*	

(*a*) In statements, questions and negative commands when more than one pronoun is present, the above order (reading from left to right) is followed. The pronoun(s) come(s) immediately before the infinitive, or, if no infinitive is present, before the finite verb:

With infinitive:

Je veux les lui donner – I want to give them to him.

Je n'ai pas voulu les lui donner – I didn't want to give them to him.

Elle n'a pas à se soucier de la zone bleue – She doesn't have to worry about 'la zone bleue'.

Without infinitive:

Les lui donnez-vous? – Are you giving him them?

Ne les lui donnez pas! – Don't give them to him!

Je les lui ai donné(e)s – I gave him them.

Note also: *Le voilà!* – There he is!

Les voici! – Here they are!

(*b*) With positive commands some pronouns and their positions differ slightly,* and hyphens are placed between the verb and the pronoun(s):

VERB-	le la- les	moi* toi* lui- nous vous leur	y-	en	e.g., *donnez-le-moi!* – give it me! *lève-toi!* – get up! *allons-nous-en!* – let's go!

2 Use of 'y' and 'en'

(*a*) *y* replaces the directional preposition plus **any** impersonal object noun:

Je vais au restaurant. (*J'y vais.*)

Nous entrons dans la salle à manger. (*Nous y entrons.*)

Elle pense à sa ligne. (*Elle y pense.*)

(*b*) *en* replaces *de* plus **any** noun:

Il a des catalogues. (*Il en a.*)

Il y a des collègues avec vous? (*Il y en a avec vous?*)

Elle est contente de son séjour. (*Elle en est contente.*)

Note also: *En voici un(e)!* – Here's one!

En voilà quelques-un(e)s – There are some!

3 Possessive pronouns: (mine, yours, his, etc.)

Masc.	Fem.	Plural.
le mien	*la mienne*	*les miens/les miennes*
le tien	*la tienne*	*les tiens/les tiennes*
le sien	*la sienne*	*les siens/les siennes*
le nôtre	*la nôtre*	*les nôtres*
le vôtre	*la vôtre*	*les vôtres*
le leur	*la leur*	*les leurs*

e.g.: *Votre voiture me plaît, mais je préfère la mienne* – I like your car but I prefer **mine.**

Combining with prepositions *à* and *de:*

Votre système de production est différent du nôtre – Your production system is different **from ours.**

Comparé au leur notre système est démodé – Compared **to theirs** our system is old-fashioned.

4 Disjunctive (emphatic) pronouns:

moi	*nous*
toi	*vous*
lui	*eux*
elle	*elles*
(soi)	

The disjunctive pronouns are used:

(a) For one word answers:
Qui veut rester? – Lui!
Who wants to stay? – He (does)!

(b) For emphasis:
Moi, je reste, mais vous, vous partez!
I'm staying but **you** are leaving!

(c) After prepositions:
Venez manger chez nous! – Come and eat at our place!
Je travaille avec eux – I work with them.

(d) For identification:
Le patron? – C'est lui! – The boss? That's him!
But note:
Ce sont eux/elles qui travaillent ici – They are the ones who work here.

(e) With comparisons after *que:*
Nous vendons plus qu'elle – We sell more than she does.
Vous êtes aussi importants qu'eux – You are just as important as they are.

1	2	3	4
• décrocher le combiné	• introduire les pièces	• attendre la tonalité • composer le numéro	• préparer les pièces • les introduire au signal
	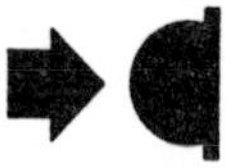 • si les pièces n'apparaissent pas appuyer sur le bouton	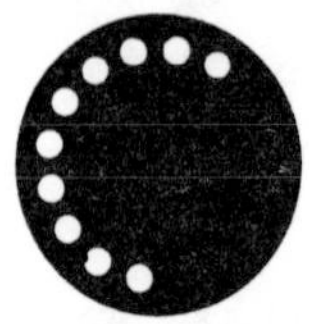	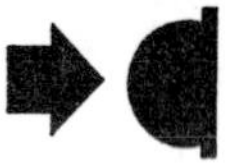

Fig. 5. Cabine téléphonique. Comment se servir de l'appareil automatique.

Mr Sanderson wishes to change the date of his meeting with M. Durand and telephones his office:

SANDERSON — Allô, 350 22 30?

SECRÉTAIRE — Allô, oui, qui est à l'appareil?

SANDERSON — Monsieur Sanderson des établissements SOLPEX de Londres.

SECRÉTAIRE — Pardon? Voulez-vous répéter s'il vous plaît? J'entends très mal. Il y a des craquements sur cette ligne.

SANDERSON — Sanderson des établissements SOLPEX.

SECRÉTAIRE — Ah oui, bonjour monsieur!

SANDERSON — Bonjour mademoiselle. Est-ce que je pourrais parler à M. Durand?

SECRÉTAIRE — Un instant, s'il vous plaît. Je vais voir s'il est là. Ne quittez pas . . . Allô? Je suis navrée, monsieur le directeur n'est pas là. Il vient juste de sortir et sera absent jusqu'à 16.00 heures. Il sera sûrement rentré à cette heure-là.

SANDERSON — C'est ennuyeux ça, car j'ai un rendez-vous d'affaires à cette heure-là; il me sera difficile de rappeler.

SECRÉTAIRE — Si vous voulez bien me donner votre numéro de téléphone, il vous rappellera quand il rentrera, ou je peux vous passer son associé si vous le désirez?

SANDERSON — Non, ce n'est pas la peine de le déranger. Si c'était possible, je préférerais laisser un message.

SECRÉTAIRE — Mais bien sûr. C'est de la part de Monsieur Sanderson, n'est-ce pas?

SANDERSON – Oui, c'est ça. Je lui avais donné rendez-vous pour ce lundi 15 à 13.00 heures au Café de la Paix, Boulevard des Capucines, or je viens de me rendre compte que je ne serai pas libre ce jour-là. Je viens de consulter mon agenda et j'ai rendez-vous avec un concessionnaire. Malheureusement je ne peux absolument pas annuler ce rendez-vous – je suis désolé.

SECRÉTAIRE – Ne vous inquiétez pas! Je lui ferai la commission. Je suis sûre qu'il comprendra.

SANDERSON – Pourriez-vous aussi lui dire que j'aimerais repousser cette rencontre au lundi suivant, même endroit, même heure . . .

SECRÉTAIRE – Entendu, je n'y manquerai pas.

SANDERSON – Je vous remercie mademoiselle.

SECRÉTAIRE – De rien, je vous en prie.

SANDERSON – Et excusez-moi de vous avoir dérangée.

SECRÉTAIRE – A votre service.

SANDERSON – Vous êtes très aimable, merci encore, au revoir mademoiselle.

Answer in French

1 Quel numéro M. Sanderson a-t-il demandé?
2 Pourquoi la secrétaire lui demande-t-elle de répéter?
3 A qui M. Sanderson voudrait-il parler?
4 Pourquoi ne peut-il pas lui parler?
5 Est-ce que M. Sanderson pourra rappeler plus tard?
6 Pourquoi la secrétaire ne lui passe-t-elle pas son associé?
7 Où M. Sanderson et M. Durand devaient-ils se retrouver ce lundi?
8 Pourquoi M. Sanderson ne sera-t-il pas libre ce jour-là?
9 A quand M. Sanderson veut-il repousser leur rencontre?
10 De quoi M. Sanderson s'excuse-t-il?

Translate

1 Who's speaking?
2 It's a bad line.
3 Could I speak to M. Durand?
4 Hold the line!
5 He's just gone out.
6 That's awkward.
7 He'll call you when he gets back.
8 It's on behalf of Mr Sanderson.
9 Don't worry!
10 I'll do it without fail.
11 I can put you through to his partner, if you like.

Drills

A Simple Future/Pronouns

Exemple: Vous *téléphonez au client aujourd'hui*, n'est-ce pas?
Réponse: Non, je *lui téléphonerai demain.*
Exemple: Il *est au bureau ce matin,* n'est-ce pas?
Réponse: Non, il *y sera cet après-midi.*

Now continue:

1 Vous téléphonez au client aujourd'hui, n'est-ce pas?
2 Il est au bureau ce matin, n'est-ce pas?
3 Elle va en France cette année, n'est-ce pas?
4 Vous rencontrez le directeur cette semaine, n'est-ce pas?
5 On voit les représentants cet après-midi, n'est-ce pas?
6 Il y a des huîtres ce mois, n'est-ce pas?

B Future in 'if' clauses

Exemple: Le restaurant n'est pas ouvert aujourd'hui, mais si vous venez
             demain . . .
Réponse: Oui, je sais, si je viens demain le restaurant *sera* ouvert.

Now continue:

1 Le restaurant n'est pas ouvert aujourd'hui, mais si vous venez
   demain . . .
2 Vous ne pouvez pas parler au directeur maintenant, mais si vous
   téléphonez ce soir . . .
3 Les employés ne font pas grève pour l'instant, mais s'ils ne reçoivent
   pas d'augmentation de salaire . . .
4 Vous ne vous souvenez pas du coup de téléphone, mais si vous
   réfléchissez . . .
5 Ça ne va pas vite, mais si vous prenez l'ascenseur . . .
6 La secrétaire ne comprend pas l'anglais, mais si elle va en Angleterre . . .
7 Le portier ne veut pas monter vos valises, mais si vous lui donnez un
   bon pourboire . . .

C Concealed Future

Exemple: Dites-lui de me téléphoner en rentrant. (dès que)
Réponse: D'accord, je lui *dirai* de vous téléphoner dès qu'il *rentrera.*

Now continue:

1 Dites-lui de me téléphoner en rentrant. (dès que)
2 Demandez-leur de nous écrire en arrivant. (quand)
3 Expliquez-lui la raison de la hausse des prix en le voyant. (aussitôt
   que)
4 Demandez-lui de me laisser un mot en partant. (quand)

5 Dites-lui de m'envoyer un télégramme au reçu des résultats. (dès l'instant où)
6 Dites-leur de rester aussi longtemps qu'ils veulent. (tant que)

D Conditional with *bien*

Exemple: Vous voulez une bière?
Réponse: Oui, je *boirais bien* une bière!

Now continue:
1 Vous voulez une bière?
2 Vous voulez une cigarette?
3 Vous voulez un gâteau?
4 Vous voulez aller en France?
5 Vous voulez voir mes pièces-échantillons?
6 Vous voulez faire le tour de l'usine?

E Conditional in 'if' clauses

Exemple: Et si vous étiez riche? (acheter une grosse voiture)
Réponse: Si j'étais riche, j'achèterais une grosse voiture!

Now continue:
1 Et si vous étiez riche? (acheter une grosse voiture)
2 Et si vous parliez plusieurs langues? (trouver une meilleure situation)
3 Et si vous ne pouviez pas venir? (annuler le rendez-vous)

Continue, giving suitable responses of your own:
4 Et si le téléphone sonnait?
5 Et si les prix augmentaient?
6 Et s'il faisait beau?

Translate

Dear M. Carrier,

If it were possible I would like to postpone our meeting this Thursday to the following Thursday as it appears there is a strike in one of our branch establishments which will require my presence. If I have time I shall telephone you tomorrow afternoon to give you more details. However I would be grateful if your secretary could confirm the arrangements by telephoning my secretary who will enter it in my diary, which I shall consult as soon as I get back.

I hope this will be possible as I would not like to miss this opportunity of meeting you.

Yours etc.

Rôle-playing

You wish to cancel your meeting with M. Durand arranged for Thursday the 11th at 15.30 in his office and make a new appointment with him, for the same time, same place the following Tuesday. Your phone call is answered by his secretary.

SECRÉTAIRE   – Allô, 350 22 30.

SANDERSON   – (*You would like to speak to M. Durand.*)

SECRÉTAIRE   – C'est de la part de qui?

SANDERSON   – (*Give your name and firm.*)

SECRÉTAIRE   – Ne quittez pas, monsieur. Je vais voir si M. Durand est libre . . . Je suis désolée, Monsieur, mais M. le Directeur vient de sortir. Pourriez-vous rappeler vers 3.50 à son retour au bureau?

SANDERSON   – (*You have a business appointment at that time and it will be difficult to ring back.*)

SECRÉTAIRE   – Voudriez-vous parler à son associé?

SANDERSON   – (*There's no point in disturbing him. Could you leave a message?*)

SECRÉTAIRE   – Un message? Mais certainement. Qu'aimeriez-vous lui dire?

SANDERSON   – (*You're sorry you can't make it on Thursday 11th at 15.30 as you have to see one of your agents.*)

SECRÉTAIRE   – Ne vous inquiétez pas. Je lui ferai la commission, je suis sûre qu'il comprendra. Voulez-vous prendre un autre rendez-vous?

SANDERSON

SECRÉTAIRE   – Entendu, je lui dirai sans faute.

SANDERSON   – (*Thank her for her trouble and apologise for disturbing her.*)

SECRÉTAIRE   – A votre service, au revoir Monsieur Sanderson.

Guided conversation

With the help of the following outline, record or write a summary of the dialogue.

Mr Sanderson a téléphoné (à qui? quel numéro?),

la secrétaire lui a fait répéter (pourquoi?),

M. Durand n'était pas là (pourquoi?),

les deux suggestions de la secrétaire – les réponses de Mr Sanderson – le message de Mr Sanderson – la date et l'heure du prochain rendez-vous.

Grammar   FUTURE AND CONDITIONAL TENSES

1 Future:

(*a*) Formation: **Future Stem**   +   **Future Endings**

		Same for all verbs:		
	Formed by taking the infinitive up to final 'r', i.e.,	*je*	—*ai*	(note: a convenient way of remember-
Regular	*arriver*→*arriver*—	*tu*	—*as*	ing these endings is
Verbs	*finir*→ *finir*—	*il*	—*a*	to think of the pres-
	vendre→ *vendr*—	*elle*	—*a*	ent tense of 'avoir')
		nous	—*ons*	
Irregular	No rule. Stems	*vous*	—*ez*	
Verbs	must be learned	*ils*	—*ont*	
	separately, e.g.,	*elles*	—*ont*	
	être→ *ser*—			
	avoir→*aur*—			
	faire→ *fer*—			
	aller→ *ir*—			

(*b*) Use:

(i) Translates 'shall/will do':
*Je **partirai** la semaine prochaine* – I **shall leave** next week.
*S'il pleut, elle **restera** à la maison* – If it rains, she **will stay** at home.

(ii) To express the 'concealed' future when implied after *quand, dès que, aussitôt que,* etc.:
*quand j'**aurai** 18 ans j'**irai** en faculté* – When I **am** 18 I **shall go** to university.
*Dès que je **saurai** je vous le **ferai** savoir* – As soon as I **find out I'll let you know.**

Note that the immediate future is usually expressed in the same way as in English, i.e. by the present tense of *aller* + infinitive:
*Qu'est-ce que vous **allez** faire maintenant? Je **vais** téléphoner.* – What **are you going to do** now? I'm **going to phone.**

2 Conditional:

(*a*) Formation:

         Future Stem   +   **Imperfect Ending**
         See 1(*a*) above.   See p. 19.

Conditional of *avoir:*

j'aurais	*nous aurions*
tu aurais	*vous auriez*
il aurait	*ils auraient*
elle aurait	*elles auraient*

(*b*) Use:

   (i)   Translates 'should/would do':
         Je voudrais une chambre – I **would like** a room.
         *Si nous voulions apprendre le français, nous **irions** en France* – If we
         wanted to learn French we **would go** to France.
         Note the idiomatic form:
         *Vous me le **demanderiez** mille fois, je n'**accepterais** pas* – If you
         asked me a thousand times I wouldn't accept.

   (ii) With *bien* to express 'could just do (with)'/'would really like to':
         *Je **mangerais bien** quelque chose de bon* – I could just eat something
         good.
         *Je **fumerais bien** un cigare* – I could just smoke a cigar.
         *Nous **resterions** bien quelques jours de plus* – We would really like
         to stay a few more days.

   (iii) In reporting (newspapers, etc.) to imply rumour/hearsay:
         *Il y a eu un accident de voiture, les occupants **seraient** grièvement
         blessés* – There has been a car accident, it seems/if would appear
         the passengers are seriously injured.

   (iv) In reported speech, etc. to express the future in the past, i.e. when
         the future becomes dependent on a main verb in the past tense:
         *Il m'a dit de l'appeler quand je **serais** prêt* – He told me to call him
         when I **was** ready.

Mr Sanderson continues his business discussion with Mme Legrand after lunch.

LEGRAND — Reparlons affaires.

SANDERSON — Je vous disais donc qu'en dépit des 2,5 % d'augmentation nos prix restaient les plus bas sur le marché.

LEGRAND — Vraiment ? Êtes-vous capables de rivaliser avec les produits japonais, car les Japonais sont des concurrents sérieux dans divers domaines à l'heure actuelle.

SANDERSON — Oui, car notre usine a eu le mérite de se moderniser très tôt. En '71 notre firme a fusionné avec Seymore & Co., une maison qui avait, depuis des années, une très bonne réputation pour la qualité de tous ses produits et les deux firmes ne faisant qu'une ont été entièrement restructurées – il faut bien s'adapter aux temps modernes. Par exemple, prenez nos méthodes de fabrication, elles sont ultra-modernes. Depuis novembre, nous utilisons des ordinateurs et nous venons d'inaugurer un nouveau procédé d'emballage (qui n'existait même pas avant 1975) qui facilitera la rapidité des expéditions. Vous recevrez dorénavant vos commandes dans les délais les plus brefs. Nous nous engageons à respecter les dates de livraison.

LEGRAND — Parfait ! même en cas de grève ?
(Le téléphone intérieur sonne – c'est la secrétaire)

SECRÉTAIRE — M. Dubois voudrait vous voir Madame.

LEGRAND — Veuillez m'excuser un instant M. Sanderson.

SANDERSON — Je vous en prie . . .

LEGRAND — Je suis désolée. Reprenons notre conversation. Où en étions-nous ? Ah, oui nous parlions des délais de livraisons. Vous disiez que vous garantissiez les livraisons même en cas de grève. C'était bien ça, n'est-ce pas ?

SANDERSON — Non, car cela est indépendant de notre volonté. Mais depuis des années nos relations cadres-ouvriers sont bonnes – un véritable dialogue s'est établi entre le patronat et les syndicats.

LEGRAND — Vous pratiquez aussi la 'concertation' – ce mot très à la mode ? Après toutes les grèves de l'année dernière, peut-être allez-vous bénéficier d'une période d'accalmie et de stabilité. Pensez-vous que le chômage va régresser ?

SANDERSON — Espérons que oui, mais cela ne se fera pas du jour au lendemain. Il est encore tôt pour se prononcer – mais en

ce qui nous concerne nous avons ouvert de nouveaux
marchés et trouvé de nouveaux débouchés pour écouler
notre marchandise, et je tiens à vous signaler que notre
chiffre d'affaires a augmenté – depuis l'année dernière, il
dépasse 10 milliards de francs!

LEGRAND — Donc les affaires vont bien?

SANDERSON — Disons qu'elles vont mieux!

Answer in French

1 De combien les prix ont-ils augmenté?
2 Quels sont les concurrents à redouter?
3 Qu'est-ce qui s'est passé en '71?
4 Quels changements ont eu lieu?
5 Quel est l'avantage de leur nouveau système d'emballage?
6 Pourquoi la secrétaire a-t-elle téléphoné?
7 Pourquoi ne garantissent-ils pas les livraisons en cas de grève?
8 Qu'est-ce que 'la concertation'?
9 Est-ce que le chômage va régresser?
10 Pourquoi leur chiffre d'affaires a-t-il augmenté?

Translate

1 At the present time.
2 In several fields.
3 One must move with the times.
4 In the event of a strike.
5 Would you please excuse me a moment?
6 Where were we?
7 Our manager-worker relations are good.
8 Let's hope so!
9 That won't happen overnight.
10 Business is good.

Drills

A Present tense of *venir de* + infinitive

Exemple: Avez-vous inauguré un nouveau système d'emballage?
Réponse: Oui, nous venons d'inaugurer un nouveau système d'em-
                ballage.

Now continue:

1 Avez-vous inauguré un nouveau système d'emballage?
2 Ont-ils restructuré les deux firmes?
3 A-t-il vendu ses produits?

    4 Avez-vous vu le directeur?
    5 Est-ce que leur chiffre d'affaires a atteint 10 milliards de francs?
    6 Est-ce que les secrétaires se sont présentées?

B Imperfect tense of *venir de*+infinitive

Exemple: Ils ont fermé l'usine. (faire un bénéfice)
Réponse: Oui, et au moment où l'on venait de faire un bénéfice!

Now continue:
    1 Ils ont fermé l'usine. (faire un bénéfice)
    2 Les ouvriers se sont mis en grève. (recevoir une grosse commande)
    3 Ils ont augmenté les prix. (établir une nouvelle clientèle)

Continue giving suitable responses of your own:
    4 Ils ont coupé le courant.
    5 Il a acheté une grosse voiture.
    6 Les invités ont téléphoné.

C *Depuis*+present tense

Exemple: Utilisez-vous des ordinateurs? (*for 2 years*)
Réponse: Nous utilisons des ordinateurs depuis deux ans.

Now continue:
    1 Utilisez-vous des ordinateurs? (*for 2 years*)
    2 Est-ce que l'usine a 2,000 employés? (*since 1974*)
    3 Y a-t-il un bon système d'emballage? (*for a long time*)
    4 Est-ce que votre chiffre d'affaires dépasse 10 milliards de francs? (*since last year*)

Continue giving suitable different time expressions of your own:
    5 A-t-il une bonne situation?
    6 Font-ils de bonnes affaires?
    7 Est-ce que vous pratiquez la concertation?

D *Depuis*+imperfect tense

Exemple: Est-ce qu'il travaille en ville?
Réponse: Oui, quand je l'ai vu, il travaillait depuis deux ans en ville.

Now continue:
    1 Est-ce qu'il travaille en ville?
    2 Est-ce qu'ils font de bonnes affaires?
    3 Est-ce que la secrétaire apprend l'anglais?
    4 Est-ce qu'ils habitent Londres?
    5 Est-ce qu'ils fabriquent des pièces détachées?

E Imperfect and Perfect

Link the following 'pairs' using *parce que*; *quand*; *lorsque*; *pendant que* as required:

Exemple: Ils visitent l'usine; ils font la connaissance du directeur.
Réponse: Pendant qu'*ils visitaient* l'usine, *ils ont fait* la connaissance du directeur.

Now continue:

1 Ils visitent l'usine; ils font la connaissance du directeur.
2 Ils reçoivent une forte augmentation; ils travaillent chez Ford.
3 Elles sont en Angleterre; elles achètent des pullovers.
4 Je vais en France; il y a une place libre.
5 Nous voyons que nous pouvons faire un bénéfice; nous regardons les chiffres.

Translate

When I arrived at the head office, the secretary asked me if I had an appointment. I replied that I didn't have one but that I would very much like to speak to the manager. However if that wasn't possible I would come back the next day. She told me to take a seat and I had only been waiting for a few minutes when the manager invited me to come into his office. I apologized for coming without an appointment but he said it didn't matter. He told me he knew England well, and asked me about the present economic situation. He was impressed by our products and said that if our prices were competitive and we could meet our delivery schedules there would be plenty of French customers. Half an hour later we said good-bye and he said he would write to me when I got back to England.

Written/Spoken summary:

Mr Sanderson a parlé de . . .	Mme Legrand a posé des questions sur . . .
prix – modernisation de l'usine – fusion – équipement – délais de livraison – nouveaux marchés – relations cadres-ouvriers – chiffre d'affaires.	la concurrence étrangère – grèves – délais de livraison – la situation sociale actuelle – chômage.

Rôle-playing

LEGRAND — Vous parliez d'une augmentation de vos prix, n'est-ce pas ...?

SANDERSON — (*Yes, of 2.5%, but your prices are still the lowest on the market.*)

LEGRAND — Et êtes-vous capables de rivaliser avec vos concurrents – les Japonais par exemple?

SANDERSON — (*Mention the merger and restructuring.*)

LEGRAND — Oui, il faut bien s'adapter aux temps modernes! Depuis ma dernière visite, quels autres changements avez-vous apportés?

SANDERSON — (*Introduction of computers and new packaging process.*)

LEGRAND — Vous me dites que vous garantissez les livraisons même en cas de grève?

SANDERSON — (*No, as this would be beyond your control.*)

LEGRAND — Comment sont vos relations cadres-ouvriers maintenant? Vos ouvriers étaient en grève si je me souviens bien ...

SANDERSON — (*Yes, but management–worker relations are good.*)

LEGRAND — Pensez-vous que la situation sociale en Angleterre va s'améliorer?

SANDERSON — (*Let's hope so! For the moment it's too early to say, and it certainly won't happen overnight!*)

LEGRAND — Et en ce qui vous concerne directement? Comment vont les affaires?

SANDERSON

Grammar   SPECIAL USE OF TENSES

1 *Depuis* + **Present Tense** – 'has/have been doing for ...'
J'apprends le français depuis cinq ans – I **have been learning** French **for** five years.
Depuis combien de temps travaillez-vous ici? – How long **have you been working** here?

2 *Depuis* + **Imperfect Tense** – 'had been doing for ...'
Il était là depuis dix minutes quand je suis arrivé – He **had been** there **for** ten minutes when I arrived.
Depuis quand attendaient-ils? – How long **had they been waiting?**

3 The same tenses are used with *venir de* + infinitive to express 'have/has just done' (Present tense) and 'had just done' (Imperfect tense):

Je viens de voir le directeur – I **have just seen** the manager.

Il vient de trouver une bonne situation – He **has just found** a good job.

Elle venait d'arriver quand le téléphone a sonné – She **had just arrived** when the telephone rang.

4 Imperfect and Perfect together:

IMPERFECT	PERFECT
'Background' tense to set scene and describe:	To express action, i.e., what happened:

*Comme j'**attendais** le soleil
brillait et il **faisait** très
chaud. Les gens **étaient** assis
à des tables et **discutaient**.* Tout d'un coup une voiture
s'est arrêtée, deux hommes
sont descendus, et m'ont
demandé si je

*savais où se trouvait la
banque. Comme ils **portaient**
des masques et des révolvers je me **suis rendu** compte qu'il
allait se passer quelque chose et je leur **ai indiqué** le
chemin du . . . commissariat
de police!*

Mr Sanderson visits Parly 2 where he seeks the advice of a sales assistant on the purchase of a present for his wife.

SANDERSON — Bonjour, madame. J'aimerais rapporter quelque chose à ma femme, mais chaque fois que je viens à Paris, je lui achète du parfum, or cette fois je voudrais lui faire une surprise. Que me conseillez-vous?

VENDEUSE — Vous pourriez, pour changer, lui offrir un foulard de soie de grande marque[2] – regardez ces coloris et ces impressions. C'est original, n'est-ce pas? Serait-elle sensible à ce genre de motif moderne? Ou préférerait-elle quelque chose de plus classique, comme celui-ci?

SANDERSON — C'est difficile à dire, mais voyez-vous j'aurais voulu lui offrir quelque chose d'encore plus inattendu.

VENDEUSE — Avez-vous jeté un coup d'œil à notre rayon maroquinerie? Y aurait-il parmi nos très beaux articles en peau – sacs à main, porte-monnaies, porte-clefs ... quelque chose qui risquerait de lui plaire?

SANDERSON — Ah ça, c'est une bonne idée – je n'y avais pas pensé.

VENDEUSE — Par exemple, cette pochette en veau verni noir. Regardez comme sa fermeture est élégante. Est-ce qu'elle plairait à votre femme?

SANDERSON — Sans doute. Elle fait combien celle-là?

VENDEUSE — 248 Francs.

SANDERSON — Attendez. Je réfléchis. Il faudrait que je dépense combien pour pouvoir bénéficier de la détaxe?[3]

VENDEUSE — Si vos achats dépassent 500 francs vous avez droit à 15% de réduction.

SANDERSON — Ah, je m'étais pourtant promis de ne pas faire trop de frais au cours de ce voyage. Non, cela ferait un cadeau vraiment trop cher. Ce porte-monnaie, combien coûte-t-il?

VENDEUSE — 94 francs – il est tout doublé de peau rouge.

SANDERSON — C'est parfait, je le prends.

VENDEUSE — Bien monsieur. Je vais vous faire un joli paquet.

SANDERSON — Maintenant il faudrait que j'achète un autre cadeau. Cette fois-ci c'est pour offrir à des amis chez qui je suis invité à dîner ce soir. Vous pourriez me conseiller?

VENDEUSE — En France il est de coutume d'offrir des fleurs ou bien de la confiserie.

SANDERSON — Dire que je suis passé devant chez un fleuriste ce matin! Si j'avais su, j'en aurais acheté.

VENDEUSE   – Il y en a un tout près d'ici au premier étage de la galerie
             sur votre droite. Vour pouvez y aller pendant que je termine
             votre paquet. Quand vous aurez choisi quelque chose vous
             redescendrez.

SANDERSON   – D'accord. A tout à l'heure ...

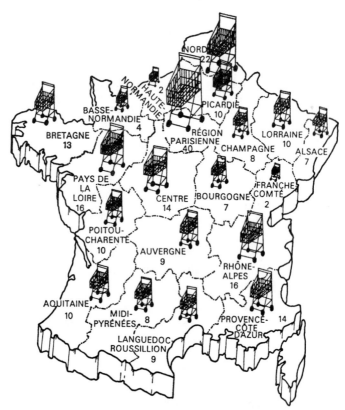

Fig. 6 La répartition des grandes surfaces en France.

Notes:

1 See Passive Section, Passage 3 (p. 130).
2 *foulard de soie de grande marque*, silk scarves with original designs and
  initialled by famous 'couturiers' (Dior, Cardin, Yves Saint Laurent,
  etc.) c.f. Passive Section, Passage 5.

3 Goods bought by foreign tourists, and therefore to be exported, are not subjected to the same tax/duty as those sold on the domestic market, and most large shops and stores pass this back to the customer, usually in the form of a percentage reduction on goods over a certain price paid for by Travellers Cheques.

Answer in French

1 Pour qui M. Sanderson cherchait-il un cadeau?
2 Pourquoi ne voulait-il pas lui acheter du parfum?
3 Quelles sortes de foulards la vendeuse lui a-t-elle montrées?
4 Pourquoi a-t-il décidé de ne pas acheter un foulard?
5 Quels articles de maroquinerie aurait-il pu choisir?
6 Qu'est-ce que la 'détaxe'?
7 Décrivez le cadeau qu'il a finalement décidé d'acheter.
8 Pourquoi voulait-il un autre cadeau?
9 Quel conseil la vendeuse lui a-t-elle donné?
10 Que va-t-elle faire pendant qu'il va chez le fleuriste?

Translate

1 I would like to surprise her.
2 That's a good idea.
3 I hadn't thought of that.
4 How much is that one (f.)?
5 This one is 248 francs.
6 How much would I have to spend?
7 Could you advise me?
8 It's customary to give flowers.
9 I'll wrap it up nicely for you.
10 See you soon!

Drills

A Pluperfect

Exemple: Il est venu vous voir, n'est-ce pas?
Réponse: Ah, si seulement il *était venu* me voir!

Now continue:

1 Il est venu vous voir, n'est-ce pas?
2 Elle a acheté un foulard, n'est-ce pas?
3 Ils ont choisi quelque chose de cher, n'est-ce pas?
4 La vendeuse vous a aidé, n'est-ce pas?
5 Vous vous êtes renseigné sur les prix, n'est-ce pas?
6 Il a pu payer par chèque, n'est-ce pas?

B Conditional Perfect and Pluperfect in 'if' sentences

Exemple: Il a acheté cette pochette parce qu'elle était bon marché.
Réponse: C'est à dire que si *elle n'avait pas été* bon marché, il ne l'*aurait pas achetée,* n'est-ce pas?

Now continue:

1 Il a acheté cette pochette parce qu'elle était bon marché.
2 Je suis resté dans cette compagnie parce qu'il y avait des possibilités de promotion.
3 Nous nous sommes levés de bonne heure parce que nous voulions aller en ville.
4 Elle a obtenu le poste parce qu'elle savait taper à la machine.
5 Elle m'a fait un joli paquet parce que je voulais l'offrir.

C Future Perfect

Exemple: Nous mangerons au restaurant avant d'aller au cinéma.
Réponse: Donc quand vous *aurez mangé* au restaurant vous irez au cinéma?

Now continue:

1 Nous mangerons au restaurant avant d'aller au cinéma.
2 Elle fera ses courses avant de quitter le centre-ville.
3 Ils choisiront des fleurs avant de rendre visite à leurs amis.
4 Elles se renseigneront sur les prix avant de se décider.
5 J'attendrai une demi-heure avant de partir.
6 Il lui fera voir les catalogues avant de parler de la hausse des prix.

D *Celui-ci/celle-là,* etc.

Exemple: *Ce foulard-ci* est plus soyeux que *ce foulard-là.*
Réponse: Bon, si c'est ça je vais prendre *celui-ci.*

Now continue:

1 Ce foulard-ci est plus soyeux que ce foulard-là.
2 Cette pochette-ci est moins jolie que cette pochette-là.
3 Ces pièces-ci ne sont pas aussi solides que ces pièces-là.
4 Ce cadeau-ci est plus utile que ce cadeau-là.
5 Ces gants-ci sont moins à la mode que ces gants-là.
6 Cette voiture-là est sortie l'année dernière, cette voiture-ci est le dernier modèle.

E Conditional Perfect in reporting style

Exemple: Les sondages ont parlé d'un changement d'opinion.
Réponse: Oui, d'après les sondages, les opinions *auraient changé.*

Now continue:

1 Les sondages ont parlé d'un changement d'opinion.
2 Les journaux ont parlé d'une augmentation du nombre de leurs lecteurs.

3 Les pouvoirs publics ont parlé d'une baisse des impôts.
4 Les experts ont parlé d'une détérioration de la situation.
5 Les ingénieurs ont parlé d'une amélioration du système d'emballage.

Translate

I had promised myself that I would buy a present for my wife before leaving Paris. I had always bought perfume before and so I decided that this time I would buy something different. The sales lady in the store was very helpful and made several suggestions which I found interesting. In the end, I chose a beautiful patent leather handbag which I knew my wife had always wanted. It was as I was paying that I was told that if I had bought a slightly more expensive one I would have been entitled to 14% 'détaxe'! I thanked her but said that I thought I had spent enough for one trip, and besides, I was very pleased with the one I had bought.

Rôle-playing

You are looking for a present for your wife/sister, but you also want advice on what to take to your hosts at whose home you will be dining this evening...

VENDEUSE – Vous désirez monsieur?

ANGLAIS – (*You're looking for a present and want some advice.*)

VENDEUSE – Que pensez-vous d'un foulard? Regardez ceux-ci! Ils ont eu beaucoup de succès auprès de nos clientes.

ANGLAIS – (*She's got plenty, you wanted something more unusual.*)

VENDEUSE – Et de la maroquinerie? Un joli sac à main par exemple?

ANGLAIS – (*A good idea – hadn't thought of it. How much is that?*)

VENDEUSE – Celui-là est assez cher. C'est du crocodile; il fait 800F.

ANGLAIS – (*How much must you spend to be entitled to détaxe?*)

VENDEUSE – Si vos achats dépassent 500F vous avez droit à la détaxe.

ANGLAIS – (*You don't want to spend much. Handbag's too expensive.*)

VENDEUSE – Ce porte-monnaie fait moins cher – 94F et il est très joli.

ANGLAIS – (*You'll take it.*)

VENDEUSE – D'accord, je vais vous faire un joli paquet puisque c'est pour offrir.

ANGLAIS – (*You're invited out. What gift should you take?*)

VENDEUSE – Quand on est invité chez des amis en France, il est de coutume d'offrir des bonbons ou des chocolats ou bien des fleurs.

ANGLAIS – (*That's a pity. You passed a florist this morning.*)

VENDEUSE – Ne vous inquiétez pas! Il y en a un à deux pas d'ici. Vous avez le temps d'y aller pendant que je finis votre paquet.

ANGLAIS – (*Thanks very much. She's been most helpful.*)

Written/spoken summary

Mr Sanderson cherche un cadeau pour sa femme (pas de parfum – pourquoi?).

Il demande conseil (différentes suggestions de la vendeuse – foulard – maroquinerie – description des articles proposés – prix).

Il se renseigne sur la détaxe (dépenses – pourcentage).

Ce qu'il décide (choix final – pourquoi?).

Il cherche un deuxième cadeau (pourquoi?).

Le conseil de la vendeuse (la coutume – sa décision – le fleuriste le plus proche – ce qu'elle propose en attendant).

Grammar   COMPOUND TENSES/CELUI-CI ETC.

1 The Pluperfect Tense:

(*a*) Formation:
Imperfect of Auxiliary Verb (*avoir/être*) + Past Participle.
il avait parlé
elle n'était pas venue

(*b*) Uses:
- (i) To express 'had done':
  Je n'y avais pas pensé! – I **hadn't thought** of that!
- (ii) In 'if' clauses when the verb in the main clause is in the Conditional Perfect. (See below under use (ii) of the Conditional Perfect.)
- (iii) Special use:
  Je vous l'avais bien dit! – I told you so! (i.e., implying wisdom after the event)

2 The Conditional Perfect:

(*a*) Formation:
Conditional Tense of Auxiliary Verb (*avoir/être*) + Past Participle.
il aurait parlé
elle ne serait pas venue

(*b*) Uses:
- (i) To express 'should/would have done':
  J'aurais préféré quelque chose de plus joli – I **would have preferred** something prettier.
- (ii) In main clauses when the verb in the 'if' clause is in the Pluperfect:
  Si j'avais vu un rayon maroquinerie, je lui aurais acheté un beau sac à main – If I **had seen** a leather goods department I **would have bought** her a beautiful handbag.

(iii) To express something conjectured or alleged:
*Il avait l'air de quelqu'un qui **aurait** beaucoup **travaillé** dans sa vie* –
He looked like someone who **had worked** a great deal in his life.

Note:

Occasionally, for greater emphasis, the Imperfect is used instead of the Conditional Perfect:
*Une minute de plus et ils se **manquaient*** – Another minute and they **would have missed** each other.

3 The Future Perfect:

(a) Formation:
Future of Auxiliary Verb (*avoir/être*) + Past Participle
*ils **auront fini***
*tu **seras parti**(e)*

(b) Uses:
(i) To express 'shall/will have done':
*D'ici la fin du mois, vous **aurez reçu** la commande* – Between now and the end of the month you **will have received** the order.
(ii) When implied:
*Je paierai quand j'**aurai reçu** la marchandise* – I shall pay when I **have received** the goods.

4 *Celui-ci*, etc.:

(a) Formation:

	SINGULAR	PLURAL
Masc.	*celui-ci*	*ceux-ci*
	celui-là	*ceux-là*
Fem.	*celle-ci*	*celles-ci*
	celle-là	*celles-là*

(b) Use:
(i) To express 'this (one)', 'that (one)', 'these', 'those':
*Des deux cadeaux, je préfère **celui-ci*** – Of the two presents I prefer **this one.**
*Ces fleurs sont très belles, mais **celles-ci** sont plus fraîches que **celles-là*** – These flowers are very beautiful, but **these** are fresher than **those.**
(ii) To express 'the former' (*-là*), and 'the latter' (*-ci*):
*M. Sanderson a pris rendez-vous avec M. Dupont, mais **celui-ci** a **été retardé*** – M. Sanderson made an appointment with M. Dupont but **the latter** was delayed.

Mr Sanderson arrives at the flat of his friend M. Dubois where he is invited to dinner.

M. DUBOIS	– Bonsoir Mr Sanderson, entrez donc, vous n'avez pas eu trop de mal à trouver notre immeuble, j'espère?
SANDERSON	– Non, aucun mal car j'ai été très aidé par votre plan du quartier.
M. DUBOIS	– On dit que les Anglais sont ponctuels et je constate que vous êtes à l'heure. Vous n'avez pas été trop retardé par les embouteillages?
SANDERSON	– Oh mais j'ai pris mes précautions! J'ai quitté mon hôtel de bonne heure, sans cela j'aurais été en effet très retardé.
M. DUBOIS	– Vous avez bien fait ... Laissez-moi vous présenter ma femme!
SANDERSON	– Enchanté madame.
MME DUBOIS	– Enchantée monsieur. C'est pour moi? Comme c'est gentil! Merci, j'adore les fleurs – Passons au salon si vous voulez bien. Donnez-moi votre pardessus! Chéri, tu veux servir l'apéritif?
M. DUBOIS	– D'accord, asseyez-vous donc Mr Sanderson. Qu'est-ce que je vous offre? Un whisky? On boit beaucoup de whisky en France vous savez! Ou bien un Martini; ou un Ricard?
SANDERSON	– Un whisky s'il vous plaît. (*Regardant l'appartement:*) Vous êtes bien installés.
MME DUBOIS	– Oui, dans l'ensemble, nous nous plaisons bien ici. A la naissance de notre deuxième enfant nous avons été obligés de changer d'appartement pour en prendre un plus grand. Auparavant, nous habitions plus au centre, mais nous préférons la banlieue en dépit des trajets.
SANDERSON	– C'est vous qui avez fait ce rayonnage?
MME DUBOIS	– Oui, mon mari est un excellent bricoleur.
M. DUBOIS	(*qui revient avec les boissons*) – Mais c'est ma femme qui choisit les couleurs. Elle a plus de goût que moi.
MME DUBOIS	– Merci chéri – Passons à table! Mr Sanderson, si vous voulez bien vous mettre ici, et surtout ne vous gênez pas! Faites comme chez vous! Servez-vous bien si ça vous dit ...
SANDERSON	– Merci, ça a l'air délicieux ... Vos enfants sont-ils en âge d'aller à l'école?
M. DUBOIS	– Oh oui. L'aîné va aller en faculté l'an prochain après son 'bac'[1] – il a toujours été très intéressé par les langues

vivantes et aimerait faire une licence d'anglais. Le plus jeune entrera en sixième[2] en septembre prochain.

MME DUBOIS — Reprenez du rôti, Mr Sanderson!

SANDERSON — Oui, volontiers. C'est un régal!...

MME DUBOIS — A propos, comment avez-vous trouvé Parly 2? Vous n'avez pas été trop déçu? On vous en avait tellement parlé!

SANDERSON — Non, j'ai été très agréablement surpris par cette galerie marchande et j'ai trouvé exactement le cadeau que je cherchais pour ma femme.

MME DUBOIS — Tant mieux! Une deuxième tasse de café?

SANDERSON — Non, merci. Il est tard et j'ai déjà trop abusé de votre hospitalité.

M. DUBOIS — Pas du tout!

SANDERSON — Mais il faut que je rentre. Merci pour cet excellent repas et cette agréable soirée.

M. DUBOIS — Je vous raccompagne.

Notes

1 *le 'bac'* (*le 'bachot'*): colloquial abbreviation for *baccalauréat*, i.e. school-leaving examination taken at 17–18, success in which gives automatic entry to most branches of higher education.

2 *entrer/être en sixième:* to enter/to be in the first form of secondary school. The French system works in reverse to our own, hence:
la sixième: first form   *la troisième:* fourth form
la cinquième: second form   *la seconde:* fifth form
la quatrième: third form   *la philo:* sixth form

Answer in French

1 Pourquoi M. Sanderson n'a-t-il pas eu trop de mal à trouver l'appartement de ses amis?
2 Est-ce qu'il y avait beaucoup de circulation en ville?
3 Comment M. Sanderson avait-il fait pour être à l'heure malgré les embouteillages?
4 Pourquoi les Dubois ont-ils été obligés de changer d'appartement?
5 Est-ce qu'ils regrettent leur ancien appartement?
6 Combien d'enfants les Dubois ont-ils?
7 Que font les enfants?
8 Pourquoi M. Sanderson a-t-il été impressionné par Parly 2?
9 Pourquoi a-t-il refusé une deuxième tasse de café?
10 Est-ce qu'il est rentré tout seul?

Translate

1 You didn't have too much trouble?
2 You were quite right!
3 Let me introduce my wife to you.
4 You've got a nice place!
5 On the whole we like it here.
6 Make yourself at home!
7 Are your children of school age?
8 It's a real treat.
9 I must get back (home).
10 I'll take you back.

Drills

A Active to Passive

Exemple: Les prix vous *surprennent* je suppose?
Réponse: Bien sûr que je *suis surpris* par les prix!
Exemple: Les embouteillages les *ont retardés* je suppose?
Réponse: Bien sûr qu'ils *ont été retardés* par les embouteillages!

Now continue:

1 Les prix vous surprennent, je suppose?
2 Les embouteillages les ont retardés, je suppose?
3 Le plan avait aidé vos amis, je suppose?
4 Mr Sanderson invitera les Dubois, je suppose?
5 Les langues intéresseraient votre fille je suppose?

B Conditional Passive

Exemple: Pourquoi M. Sanderson a-t-il accepté l'invitation des Dubois? (offensé)
Réponse: Parce que sinon ils *auraient été offensés.*

Now continue:

1 Pourquoi M. Sanderson a-t-il accepté l'invitation des Dubois? (offensé)
2 Pourquoi avez-vous suivi des cours de sténo-dactylo?   (embauché)
3 Pourquoi a-t-il lancé un emprunt?   (ruiné)

Now complete your own examples:

4 Pourquoi a-t-il voulu trouver un cadeau pour sa femme?
5 Pourquoi ont-ils baissé les prix de leurs produits?
6 Pourquoi a-t-elle décidé d'acheter des chaussures avant que les prix augmentent?

C Avoidance of Passive (*on*)

Exemple: 'La Tour d'Argent' *est considéré* comme un des restaurants les plus célèbres de Paris, n'est-ce pas?

Réponse: Oui, *on le considère* comme un des restaurants les plus célèbres de Paris.

Exemple: La lettre *a été postée* ce matin, n'est-ce pas?

Réponse: Oui, on l'*a postée* ce matin.

Now continue:

1 'La Tour d'Argent' est considéré comme un des restaurants les plus célèbres de Paris, n'est-ce pas?
2 La lettre a été postée ce matin, n'est-ce pas?
3 Notre directeur était bien estimé dans le monde des affaires, n'est-ce pas?
4 Le contrat sera signé demain, n'est-ce pas?
5 Ce représentant avait été envoyé en Allemagne Fédérale, n'est-ce pas?
6 La commande aura été reçue avant la fin de la semaine, n'est-ce pas?

D Avoidance of Passive (*on* → reflexive)

Exemple: Comment *boit-on* le vin rouge? (à la température ambiante)

Réponse: Le vin rouge *se boit* à la température ambiante.

Now continue:

1 Comment boit-on le vin rouge? (à la température ambiante)
2 Comment boit-on le vin blanc? (très frais)
3 Où trouve-t-on les sacs à main? (au rayon maroquinerie)

Now complete giving your own examples:

4 Comment appelle-t-on les amis de Mr Sanderson?
5 Quand mange-t-on les croissants?
6 Comment écrit-on votre nom?

Translate

I had been invited several times by some friends of mine called Dupont, who live near Versailles, to have dinner with them during one of my frequent visits to Paris, but somehow, each time, I had been prevented from accepting their kind invitation. However, last August I was able to visit them and I was impressed by their new flat which had been beautifully decorated by M. Dupont, who is a first class handiman. I was served an excellent meal and Mme Dupont, who had never been in England, asked me if it was true that wine was not often drunk at mealtimes, despite the fact that it could be bought in most supermarkets. I told her that in fact every year, despite its ever-increasing price, more and more wine was being bought. Unfortunately, it was all too soon time to go, and after good-byes had been said, I was driven back to my hotel by M. Dupont.

Rôle-playing

Play the rôle of Mr Sanderson in the following dialogue:

M. DUBOIS — Bonsoir Mr Sanderson, enchanté de vous voir. Vous avez trouvé notre immeuble sans difficulté, j'espère?

SANDERSON

M. DUBOIS — Je suppose qu'il y avait beaucoup de circulation à cette heure-ci?

SANDERSON — (*Yes, but you left early to avoid it.*)

M. DUBOIS — Vous avez bien fait. Permettez-moi de vous présenter ma femme. Chérie – John Sanderson.

SANDERSON — (*You're pleased to meet her. Offer your flowers.*)

MME DUBOIS — Enchantée, monsieur. C'est pour moi? Que c'est gentil! Vous n'auriez pas dû!

SANDERSON — (*Don't mention it. It's the least you could do.*)

MME DUBOIS — Chéri, veux-tu servir l'apéritif, et après nous pourrons manger. Un Martini pour moi!

M. DUBOIS — D'accord. Qu'est-ce que je vous offre, Mr Sanderson?

SANDERSON — (*Answer. Say you like their flat.*)

M. DUBOIS — Oui, l'appartement nous plaît assez. Nous avons eu de la chance de le trouver. Vous n'habitez pas en appartement je suppose. Les Anglais, dans l'ensemble, habitent des maisons, n'est-ce pas?

SANDERSON

MME DUBOIS — On peut manger. Mettez-vous là Mr Sanderson, et ne vous gênez pas! Faites comme chez vous! J'espère que ça vous plaira . . .

SANDERSON — (*It looks delicious. Do they have any children?*)

M. DUBOIS — Oui, nous en avons deux, mais ils ne sont pas là. L'aîné a 17 ans et le cadet 11 ans. Vos enfants vont à l'école, n'est-ce pas?

SANDERSON

MME DUBOIS — Et qu'est-ce vous avez pensé de Parly 2? Avez-vous pu trouver ce que vous cherchiez?

SANDERSON — (*Very impressed. Found the perfect present for your wife. Mention the helpful sales assistant.*)

MME DUBOIS — Tant mieux. Vous garderez donc un bon souvenir de votre journée à Parly et, j'espère, de votre soirée chez nous. Encore du café?

SANDERSON — (*No, you must go but it was an excellent meal and a wonderful evening.*)

M. DUBOIS — Dommage, mais vous devez être fatigué. Je vais finir mon café, puis je vous raccompagnerai.

Guided conversation

With the help of the following outline, record or write a summary of the Dialogue.

M. Sanderson est arrivé chez ses amis à l'heure et sans difficulté (le but de sa visite – le plan du quartier – les embouteillages).

M. Dubois lui a présenté sa femme (les fleurs – le pardessus).

On lui offre l'apéritif (ce qu'il prend).

Ils ont parlé de l'appartement (les compliments de M. Sanderson – satisfaits – plus grand – en banlieue).

Ils passent à table (les enfants – la visite de M. Sanderson à Parly 2).

Il est parti (remerciements – proposition de M. Dubois).

Grammar

The Passive

(*a*) Formation:

As in English, i.e., appropriate tense of *être* + Past Participle

elle est invitée	she **is invited**
elle a été invitée	she **has been invited**
elle sera invitée	she **will be invited**

(*b*) Use:

Generally it is advisable to use the active voice whenever possible (see below under 'Avoidance of Passive'). However the passive is used:

(i) In cases where the past participle is a common adjective, especially when expressing emotion:

*Ils **ont été choqués** de voir leur réaction.*
*Elle **a été étonnée** par la hausse des prix.*
*Il **sera ravi** de faire votre connaissance.*

(ii) When the agent is expressed after *par*:

*La lettre **a été écrite** par votre secrétaire.*
*Il est **invité** par ses amis.*
*Les automobilistes **avaient été** très gênés par les embouteillages.*

Avoidance of Passive

(*a*) *on:*

(i) In certain common expressions:

on dit que ... – it is said that ...
on croit que
on pense que ... – it is thought that ...

(ii) When the agent is not mentioned specifically:

On ouvre le magasin à 9.00 heures – The shop is opened at 9.00 o'clock.

(iii) To translate passive expressions involving an indirect object:

On leur a montré l'appartement – **They were shown** the flat.

On nous a servi un excellent repas – **We were served** an excellent meal.

On lui a demandé s'il connaissait le chemin – **He was asked** if he knew the way.

(b) Reflexive:

Il s'appelle John Sanderson – He **is called** John Sanderson.

Le vin rouge se boit à la température ambiante – Red wine **is drunk** at room temperature.

Cela ne se fait pas! – That **isn't done!**

Back in England Mr Sanderson writes to Mme Legrand to confirm her order and to invite her to visit the factory.

SANDERSON — Joan, je vais vous dicter une lettre en français.
SECRÉTAIRE — Bien, monsieur. Attendez, je prends mon bloc-notes et mon crayon . . . voilà !
SANDERSON — Vous êtes prête ?
SECRÉTAIRE — Je suis prête.
SANDERSON — Alors, commençons . . .

Chère cliente,
        Comme suite à notre conversation lors de mon passage à Paris, j'ai le plaisir de vous confirmer que nous sommes en mesure de vous livrer dans les délais les plus brefs, c'est à dire quinze jours comme convenu. Je tiens aussi à souligner que nous faisons en ce moment une offre spéciale – offre publicitaire très intéressante (sans doute avez-vous vu nos affiches publicitaires). Si vous nous passez commande avant le 10 mai, vous pourrez bénéficier d'un rabais d'environ 13 % sur la plupart de nos produits. Cette offre spéciale ne sera valable que jusqu'au 10, mais nous continuons à accorder un escompte de 5 % sur tout paiement comptant.
        Permettez-moi de vous renouveler notre invitation. Nous serions en effet heureux de vous faire visiter nos usines, si vous aviez l'occasion de passer. Je crois que vous trouveriez cette expérience intéressante et utile, et nous serions enchantés de vous voir.
        Dans l'attente de vous lire, veuillez agréer, madame, l'expression de mes sentiments les meilleurs,

John Sanderson

Voilà, c'est tout !
SECRÉTAIRE — Voulez-vous que je la relise ?
SANDERSON — Non, ce n'est pas la peine. Je vous fais confiance. Je connais vos talents de sténographe ! Maintenant voici une lettre d'une autre firme française. Veuillez accuser réception s'il vous plaît !
SECRÉTAIRE — Bien, monsieur. Je vais m'en occuper tout de suite.

Answer in French

1 Pourquoi M. Sanderson appelle-t-il sa secrétaire?
2 Pourquoi ne peut-elle pas commencer tout de suite?
3 Que veut-il confirmer dans la lettre?
4 Pourquoi conseille-t-il à Mme Legrand de passer une nouvelle commande avant le 10 mai?
5 Comment pourra-t-on bénéficier d'un escompte de 5%?
6 Quelle invitation renouvèle-t-il à Mme Legrand?
7 Pourquoi ne veut-il pas que la secrétaire relise la lettre?
8 Quelle autre tâche donne-t-il à la secrétaire?

Translate

1 Following our conversation ...
2 Within the shortest possible time.
3 I would also like to emphasize ...
4 If you place an order with us.
5 The offer is only valid until the 10th.
6 A 5% discount on all cash payments.
7 I look forward to hearing from you.
8 Don't bother!
9 I trust you.
10 Please acknowledge receipt.
11 I'll see to it straight away.

Letter-writing

Part One: Business letters

Generally speaking the accepted procedure with business letters is to write in the mother tongue. The letters which follow in Part 1 below are therefore typical examples of French business letters which might be received by an English firm.

Letter A: Demande de renseignements

Messieurs,

Vos affiches publicitaires ayant attiré notre attention nous aimerions obtenir de plus amples renseignements sur vos produits.

Auriez-vous l'obligeance de nous envoyer votre dernier catalogue, une liste de prix[1] et quelques échantillons. Veuillez aussi nous faire savoir vos modalités et conditions de paiement,[1] (accordez-vous par exemple une remise pour tout paiement comptant?) et vos délais de livraison.

En espérant que vos conditions nous permettront de vous passer commande, je vous prie d'agréer, messieurs, l'expression de ma considération distinguée . . .

p.s. Veuillez aussi nous aviser du prochain passage de votre représentant dans notre pays.

Notes

1 See p. 66.

---

manufacture française des pneumatiques

MICHELIN①

46, Av. de Breteuil 75 341 PARIS CEDEX 07
                    ②   ③

Téléphone: (1) 566 65 00
Télex: 27 789 Michlin Paris
Télégramme: Pneumiclin Paris
Chèques Postaux: 30–53 Paris ④
Registre du Commerce: 55 B 50 Clermont-Ferrand ⑤
MICHELIN et Cie – Société en commandite par actions au capital
de 500 millions de F. – Siège social: Clermont-Ferrand (France)

⑧Votre réf.:   ⑥   ⑦

⑨ Adresser tout   ⑩ Pièces jointes:
   courrier à Sce:

PARIS

LE:

Objet:

1. Name of company.
2. Five-figure post code. The first two digits indicate the *département* and the last three the distributing office. The number of *bureaux distributeurs* per *département* varies between 30 and 250.
3. CEDEX (*Courrier d'entreprise à distribution exceptionnelle*). Important firms dealing with an exceptionally large amount of correspondence are CEDEX subscribers and have their individual sorting codes.
4. (*Compte*) *Chèques Postaux*: postal cheque (Giro) number.
5. The company's registration number.
6. Type of company. *Société en commandite par actions*: partnership limited by shares. Note also S.A. (*Société Anonyme*): public limited liability company; *S. à resp. limitée* (*Société à responsabilité limitée*) private limited liability company.
7. *Siège social*: head office.
8. *Votre réf.* (*Votre référence*).
9. *Sce.* (*Service*): Department within the firm.
10. *Pièces jointes*: enclosures.

Fig. 7

Letter B: Commande

Messieurs,

Les articles que vous nous proposez par votre lettre du ...
répondent parfaitement à nos besoins et vos conditions générales de vente
nous semblent satisfaisantes. Donc si vous vous engagez formellement à
effectuer livraison le 5 avril au plus tard et ce sans augmentation de prix
sur le tarif actuel, nous désirons vous passer ferme commande de (*liste et
description de la marchandise: pointure/taille/coloris/dimensions/quantité/
numéros de référence*).

Nous espérons que vous apporterez tous vos soins à l'exécution
et l'emballage de cette commande. De notre côté nous règlerons notre
commande suivant les modalités précisées dans votre lettre du ...

Dans l'attente de vous lire, veuillez agréer, messieurs, nos
salutations distinguées,

Letter C: Réclamation

Messieurs,

Objet: N/commande 168 du 11.5.1976.

Nous avons dû attendre votre livraison pendant de nombreuses
semaines et la non-observation des délais de livraison a eu pour nos affaires
les plus graves conséquences, notre commerce étant saisonnier. Nous avons
insisté plusieurs fois sur l'urgence de la livraison. Si nous ne pouvons pas
nous fier à vos promesses nous nous verrons à l'avenir dans l'obligation
de nous adresser à d'autres fournisseurs.

De plus, au déballage nous avons constaté plusieurs erreurs
dans le choix des teintes parmi certains articles que nous vous retournons
en port dû.

Enfin, nous ne sommes pas d'accord sur le montant facturé.
Vous nous aviez laissé entendre que vous prendriez à votre charge les frais
d'emballage, mais nous constatons d'après votre facture qu'il n'en est pas
ainsi, et nous vous prions de nous fournir des éclaircissements à ce sujet.

Recevez, messieurs, nos salutations ...

Useful expressions:

1 Les prix:

C et F (*coût et fret*): cost and freight
C A F (*coût-assurance-fret*): cost, assurance, freight
un devis approximatif: a rough estimate
(*les*) *frais d'emballage en sus:* packaging charge extra
franco à bord: free on board (FOB)
franco domicile: delivery free to customer's warehouse
franco frontière française: free French frontier

le montant: total amount
la redevance douanière: customs' handling charge
le relevé de factures: statement
le timbre de connaissement: stamp for bill of lading

2 Les modalités et conditions de paiement:

un acompte: part payment/instalment
les arrhes (f.): deposit
comptant contre documents: cash against documents (CaD)
comptant contre remboursement: cash on delivery (CoD)
paiement à la commande: cash with order
paiement avant (après) l'expédition: payment before (after) despatch
paiement à réception de facture: payment on receipt of invoice
paiement à tempérament: payment by instalments
paiement par relevé mensuel: monthly settlement
payer à terme: to buy on credit
payer comptant: to pay cash
la quittance: receipt
le transfert de fonds/le virement: (bank) transfer
en port dû: carriage forward

PART TWO: Other formal letters

Occasionally, however, the ability to write a formal letter in French can be invaluable. Below are some typical examples of useful letters:

Letter A: Demande de renseignements à un syndicat d'initiative

Monsieur le secrétaire,

J'aurais l'intention de passer mes vacances (mois d'août), avec ma famille, dans votre localité. En conséquence, je vous serais obligé de bien vouloir m'adresser tous renseignements utiles sur la ville et ses environs, ainsi que toutes les précisions qu'il vous serait possible de me fournir sur les tarifs des hôtels et pensions et le prix des villas à louer.

Avec mes remerciements, je vous prie d'agréer, Monsieur le Secrétaire, mes salutations distinguées.

John Smith

Letter B: Location de villa

Monsieur,

Parmi les villas à louer dont la liste m'a été fournie par le syndicat d'initiative de X----- la vôtre a particulièrement retenu notre attention.

Je désire qu'elle comporte la possibilité de loger six personnes, dont deux enfants de cinq et sept ans et deux ménages; de plus, je souhaite une cuisinière électrique ou bien à gaz et un moyen de chauffage.

Les renseignements qui m'ont été communiqués, assez peu détaillés, ne mentionnent pas l'existence d'un garage. La villa n'en comporterait-elle pas? Dans ce cas, le jardin permet-il qu'on y rentre une voiture pour la nuit? A quelle distance de la mer se trouve la villa, aussi du centre de la ville et des magasins d'alimentation?

Une dernière question: au cas où j'envisagerais de faire un séjour de plus longue durée (15 juillet au 15 septembre par exemple) quelle diminution seriez-vous prêt à me consentir sur le prix de location mensuel?

Dans l'attente d'une réponse que je souhaite aussi prompte que possible, je vous prie d'agréer, Monsieur, mes sincères salutations,

Demandes et offres d'emploi

Important Groupe Immobilier
TROCADERO
recherche pour seconder
son Directeur général

SECRÉTAIRE
CONFIRMEE

Salaire en fonction
de la qualité professionnelle.
Avantages sociaux. 13e mois.

Envoyer C.V. manuscrit, photo;
no 3.732, PARFRANCE P. A.,
4, rue Robert-Estienne,
75008 PARIS, qui transmettra.

Importante Société
BOULOGNE-SEVRES
(Mo Pont de Sèvres)
recherche

SECRETAIRE
STENODACTYLO QUALIFIEE
— Ayant qualités d'ordre, méthode, mémoire.
— Aimant initiative, travaux variés, contacts humains.
— Bonne présentation.
— Libre rapidement.
— Semaine travail 8.X5.
— Restaurant d'entreprise.
Env. C.V. détaillé av. photo et prétentions s/réf. 1.568, à P. LICHAU S.A., 10, r. Louvois, 75063 Paris Cedex 02, q. tr.

IMPTE STE
INTERNATIONALE
(Harris corporation
Département Schriber),
recherche
pour son antenne commerciale
de 92-CLICHY

1) SECRETAIRES
STENODACTYLOS
trilingue français-anglais-allemand (5 ans expérience).

2) DACTYLOS EXPERIM.
jeunes et dynamiques, capab. de taper textes en anglais.
Envoyer C.V. à M. KUNZ,
Directeur du Personnel,
SOCIETE MARINONI, B.P. 22,
60160 MONTATAIRE.

PLUSIEURS POSTES
HAUT NIVEAU DISPONIBLES
SECRETAIRES DIRECT.
Excellente présentation.
Lieu de travail pont de Neuilly

SECRETAIRES DIRECT.
parfaitement bilingues anglais.
Lieu de travail : Etoile.
Postes stables et intérim
longue durée.
EXCELLENTE REMUNERAT.
Pr R.-vs 744-61-73 Mme Rolland.

S. L. P. I.
117, boul. Magenta, Paris-10e.

Important Groupe Immobilier
à Montparnasse
recherche
SECRETAIRE hautement qualifiée
pour son Président.
Elle devra posséder un très bon français, une grande expérience du secrétariat, être excellente sténodactylo, très dynamique, caractère souple, pour commander 6 personnes. Important salaire si capable. Les candidates ne répondant pas aux conditions ci-dessus devront s'abstenir.
Env. photo, C.V. et prétentions à GIRPA, 92, boulevard du Montparnasse, PARIS (14e).

SOCIETE elf
POUR LA RECHERCHE
ET L'EXPLOITATION
DES HYDROCARBURES
7, rue Nélaton,
75015 PARIS.
recherche

SECRETAIRE
BILINGUE
FRANÇAIS-ANGLAIS
— de langue matern. anglaise ;
— très bonne dactylo, sténo appréciée ;
— expérience d'un secrétariat français souhaitée.
Ecrire sous référ. no 48.379 avec C.V. et photo, ELF-RE Dépt Développem. Formation 75739 PARIS CEDEX 15.

Fig. 8

Notes:

C.V., Curriculum Vitae (lit. *'carrière de la vie'*). Liste des principaux faits qui ont marqué la vie active – scolarité, emplois ou postes occupés successivement.

13e. mois, double salaire mensuel payé à la fin de l'année. Fait assez répandu dans les grandes entreprises et certaines administrations.

Grandes écoles, Etablissements d'enseignement supérieur. L'entrée se fait par concours auquel certains lycées préparent quelques bons élèves. L'enseignement commercial supérieur se donne à l'Ecole des Hautes Etudes Commerciales (HEC), à l'Ecole Supérieure des Sciences Economiques et Commerciales (ESSEC) et dans les écoles supérieures de commerce.

Dégagé O.M., Dégagé des obligations militaires. (One year's military service is compulsory in France, and employers are understandably reluctant to employ anyone on a full-time basis who has not yet completed his military service.)

Abréviations:

av. – avec	maîtr. – maîtrise
B.P. – boîte postale	man. – manuscrit(e)
C.A. – chiffre d'affaires	(langue) matern. – maternelle
capab. – capable	P.J. – pièces jointes
comptab. – comptabilité	pr. r-vs. – pour rendez-vous
connaiss. – connaissance(s)	prétent. – prétentions
déplacem. – déplacement	probl. – problèmes
env. – envoyez	q. tr. – qui transmettra
format. – formation	r. – rue
impte. ste. – importante société	rémunérat. – rémunération
indisp. – indispensable	s/ref. – sous référence

Letter A: Demande d'emploi

Monsieur,

          Comme suite à l'annonce parue dans ... je me permets de

{ solliciter l'emploi
{ poser ma candidature au poste de ... que vous proposez.

          Agé(e) de ... ans, { célibataire, je suis titulaire du ... et je
                                 { marié(e)

possède le diplôme de ... délivré par l'école ...

Je parle couramment et j'écris sans faute . . . . Je suis actuellement employé(e) comme . . . aux établissements . . . à . . . . Mes émolu-
ments sont de . . . { livres par mois, et je serais désireux(se) de trouver
{ francs
une situation qui soit à la fois plus largement rétribuée et plus en rapport
avec mes capacités.

Si ma proposition pouvait retenir votre attention je vous serais
très reconnaissant(e) de bien vouloir me convoquer à vos bureaux, afin
que je puisse vous soumettre mes certificats, diplômes et références.

Veuillez trouver ci-joint mon curriculum vitae.

Je vous prie d'agréer, monsieur, l'expression de mes sentiments
distingués,

P.J. – C.V. manuscrit.

Exercises

1 Translate the advertisements on page 72 into French for insertion into
   an English daily newspaper.
2 Choose the post on pages 68–9 which interests you most or you feel
   would best suit your ability and qualifications, and write a formal letter
   of application in French, enclosing your C.V.
3 You are planning to spend a holiday with your husband/wife and two
   children in Haute Savoie. Write in French to the Syndicat d'Initiative,
   Rue Voltaire, 74014 Annecy requesting information about prices of
   hotels, guest-houses and the possibility of renting a chalet, stating
   your specific requirements as to its contents.
4 You intend to visit the Foire de Lyon to be held from 3 to 6 September.
   Write a letter to the Hôtel des Arts, Place Bellecour, 69 230 Lyon, re-
   serving a single room with shower for the whole of the period.
5 Transcribe the taped letters and then translate them into English.

Fig. 9

Mme Legrand accepts Mr Sanderson's invitation to visit the factory, and he shows her round the main departments . . .

SANDERSON — Bonjour madame. Soyez la bienvenue dans notre établissement!

LEGRAND — Je suis ravie que vous m'ayez invitée.

SANDERSON — Voulez-vous que je vous fasse visiter l'usine tout de suite?

LEGRAND — Mais bien volontiers.

SANDERSON — D'accord, mais d'abord il faut que je prévienne ma secrétaire. Je vais lui laisser un mot . . .
Voilà qui est fait! Allons-y, voici un plan de notre usine.

LEGRAND — Je vois que les ateliers sont tous groupés dans une seule aile du bâtiment.

SANDERSON — Si vous le voulez bien allons d'abord au bâtiment A . . . .
Voici l'atelier de fabrication et de montage. Évidemment le travail se fait par équipes,[1] ainsi la chaîne de montage ne s'arrête jamais. Chaque ouvrier effectue une tâche bien définie ce qui aboutit toutes les trois minutes à une pièce complète.

LEGRAND — Ils sont payés au rendement ou ont-ils un salaire fixe?

SANDERSON — La direction vient de signer un accord avec les représentants syndicaux qui ont préféré que les ouvriers aient un salaire fixe pour une semaine de quarante heures, avec possibilité de faire des heures supplémentaires, et de toucher des primes.

LEGRAND — Oui, chez nous aussi, ce genre de revendication est assez courant.

SANDERSON — Alors à côté, vous avez l'atelier de révision. M. Johnson que vous voyez là-bas est un de nos contremaîtres qui travaille sous les ordres de M. Brown que vous connaissez déjà.

LEGRAND — Je remarque que votre main d'œuvre est essentiellement féminine.

SANDERSON — C'est pour ça que nous avons voulu que notre chef du personnel soit une femme . .
. . . Nous voici maintenant aux services d'emballage et d'expédition, qui, comme vous voyez, se trouvent proche l'un de l'autre.

LEGRAND — Comment s'organise l'expédition?

* c.f. Passive Section. Passage 2 (p. 129).

SANDERSON   – Nos manutentionnaires chargent la marchandise dans les conteneurs que vous voyez là-bas dans l'entrepôt et les conteneurs sont après pris en charge par nos camionneurs.

LEGRAND   – Je vois que la manutention est réduite au minimum. Est-ce que vous avez été obligés de licencier du personnel?

SANDERSON   – Non, mais il a fallu qu'on recycle les deux tiers de nos manutentionnaires.

LEGRAND   – Déjà 11.00 heures! Il ne faut pas que j'oublie mon rendez-vous avec votre chef du service après-vente!

SANDERSON   – Dommage que vous n'ayez pas plus de temps, je vous aurais fait visiter nos bureaux.

LEGRAND   – Il faudra que je revienne une autre fois pour terminer la visite. Mais je repars avec une bonne impression et c'est ça l'essentiel. Vous semblez travailler à plein rendement.

SANDERSON   – Oui, les commandes affluent de toutes parts.

LEGRAND   – Et vous pouvez faire face? Vous n'êtes pas débordés?

SANDERSON   – Non, ça va, à condition qu'il n'y ait pas de grèves bien sûr! Je suis heureux que notre usine vous ait fait bonne impression et je souhaite seulement que nos visiteurs japonais attendus pour la semaine prochaine aient la même réaction que vous!

Note

1 *l'équipe de nuit,* night shift; *l'équipe du matin,* day shift; *l'équipe de l'après-midi,* afternoon shift.

Answer in French

1 Qu'a fait M. Sanderson avant de commencer la visite?
2 Que trouve-t-on au bâtiment A.?
3 Pourquoi la chaîne de montage ne s'arrête-t-elle jamais?
4 Combien de temps faut-il pour fabriquer une pièce complète?
5 Quel a été le résultat de l'accord signé entre les représentants syndicaux et la direction?
6 Pour quelle raison a-t-on choisi une femme comme chef du personnel?
7 Comment s'effectue l'expédition?
8 Comment la direction a-t-elle évité des licenciements chez les manuten-tionnaires?
9 Quel pourcentage de manutentionnaires a-t-il fallu recycler?
10 Quels visiteurs sont attendus pour la semaine prochaine?

Translate:

1 Welcome to our factory.
2 I'll leave her a note.
3 That's that (done).

  4 Each worker performs a specific task.
  5 Every three minutes.
  6 They are on piece work.
  7 With the possibility of overtime and bonuses.
  8 Your work-force is mainly female.
  9 A pity you don't have more time.
10 That's the main thing.

Drills

A Subjunctive (wish/desire)

Exemple: On fera le tour de l'usine plus tard si vous préférez...
Réponse: Oui, je *préfère qu'on fasse* le tour de l'usine plus tard.

Now continue:

  1 On fera le tour de l'usine plus tard si vous préférez...
  2 Je peux vous prendre rendez-vous si vous voulez...
  3 Je peux informer tout le personnel de votre décision si vous le désirez...
  4 Elle lui écrira si vous aimez mieux...
  5 Notre représentant viendra demain si vous le souhaitez...

B Subjunctive (emotion/feeling)

(heureux que; désolé que; s'étonner que; honteux que; c'est dommage que;
fâché que; navré que; surpris que; ravi que; curieux que)
*React to the following statements using one of the above expressions. Do not
use the same expression twice.*
Exemple: Elle reçoit chaque année une augmentation de salaire.
Réponse: Je suis heureux qu'elle reçoive chaque année une augmentation
                de salaire.

Now continue:

  1 Elle reçoit chaque année une augmentation de salaire.
  2 Il a eu un accident de voiture.
  3 Nos ouvriers font souvent la grève.
  4 Mon collègue a eu des ennuis avec sa nouvelle voiture.
  5 Elle est partie avant la fin de la visite.
  6 Ils vont chaque année passer leurs vacances au même endroit.
  7 Les ouvriers immigrés sont souvent mal payés par rapport à leurs
    homologues français.

Now give three examples of your own using the remaining expressions.

C Subjunctive after *falloir*

Exemple: Elle *est* obligée de partir tout de suite.
Réponse: Oui, il *faut qu'elle parte* tout de suite.
Exemple: Vous *serez* obligé de la rappeler plus tard.
Réponse: Oui, il *faudra que je la rappelle* plus tard.

Now continue:

1 Elle est obligée de partir tout de suite.
2 Vous serez obligé de la rappeler plus tard.
3 Elles ont été obligées de suivre des cours de sténo-dactylo.
4 Il n'était pas obligé d'y rester toute la journée.
5 Si ça continuait nous serions obligés de faire quelque chose.
6 Si elle lui avait posé des questions il aurait été obligé de répondre.

D Spoken/Written Exercise. Complete:

Subjunctive with possibility/doubt/denial/necessity/ordering/forbidding

Il se peut que le Français moyen ne . . . pas souvent en Angleterre pour deux raisons principales. D'abord il est peu probable qu'il . . . trouver le soleil en Angleterre même au mois de juillet et deuxièmement on ne peut pas nier que la cuisine anglaise dans la plupart des hôtels . . . inférieure à celle qu'on trouve en France.

Ce n'est pas qu'il ne peut pas supporter quelques jours de pluie mais s'il n'a que quelques semaines de vacances il vaut mieux qu'il . . . dans le Midi où il est plus sûr de trouver le beau temps.

Je ne crois pas que la question de la cuisine . . . une très grande importance mais un Français exige quand-même qu'il y . . . un certain raffinement dans ses aliments et il est possible qu'il . . . déçu par la nourriture anglaise. Peut-être faudrait-il que les restaurateurs anglais . . . preuve de plus d'imagination s'ils veulent empêcher que le touriste français ne . . . mécontent.

Interpreting exercise

Play the rôle of Miss Johnson who is acting as 'two-way' interpreter between the managing director (Mr Wilson) and an important French client (M. Buron) who is being shown round the factory.

WILSON – M. Buron, this is Miss Johnson who will act as our interpreter during your visit round our factory. She is one of our bi-lingual secretaries.

BURON – Ça fait plaisir de voir qu'il y a des employés qui connaissent le français. Je regrette de ne pas avoir eu l'occasion d'apprendre l'anglais à l'école!

WILSON – Well, as you can see M. Buron, all the workshops are grouped in the same wing of the building. Which department would you like me to show you first?

BURON	– J'aimerais bien voir les ateliers de montage depuis qu'ils ont été modernisés . . .
WILSON	– This is where we manufacture our export goods. Thanks to these new machines we can make one complete article every four minutes.
BURON	– Est-ce que vos ouvriers sont payés au rendement dans cet atelier?
WILSON	– No, after long talks between the management and the unions at the beginning of the year the decision was taken to do away with piece work. They preferred to be paid a fixed wage for a forty hour week.
BURON	– Mais chez nous les taux de paiement varient selon que l'on travaille le jour ou la nuit.
WILSON	– Yes of course. The men must work nights one week in three and they receive a higher rate of pay that week, and those on the day or afternoon shift have the opportunity of working overtime if they wish to. We also have a bonus system.
BURON	– Si c'est possible avant de partir j'aimerais jeter un coup d'œil au service d'expédition.
WILSON	– With pleasure . . . After manufacture, the goods must go through quality control and from there, to the packaging department and from there, they come here to dispatch.
BURON	– Ces conteneurs facilitent énormément le chargement et l'expédition. Vous avez dû licencier des ouvriers je suppose . . .
WILSON	– No, we retrained most of them. Now, would you like to see our advertising and administrative departments before you leave?
BURON	– Merci, un autre jour peut-être. C'est dommage que je n'aie pas le temps aujourd'hui, mais il faut que je sois à Manchester ce soir. Je dois avouer que votre usine m'a fait très bonne impression et si vous me faites une remise de 5% et si vous garantissez les délais de livraison convenus, je vous passe commande tout de suite.
WILSON	– I'm sorry you can't stay longer, but I'm sure we can do business. Normally, we give all clients a 3% reduction for cash payment but for new customers like yourself, and considering the size of the order we would be pleased to grant 5%. It's unlikely we could give more than that at the present time.

Written/spoken summary

With the aid of the plan on p. 78 give in French a summary of the organisation of a business firm, mentioning the work of the different departments.

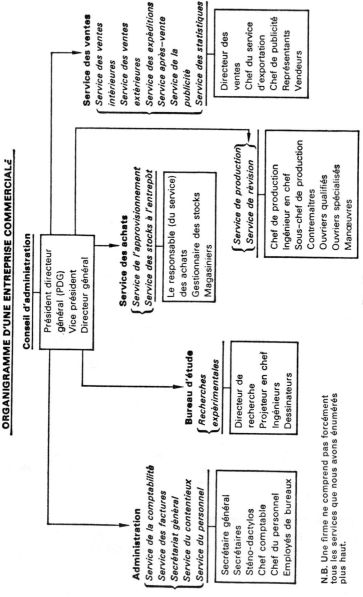

ORGANIGRAMME D'UNE ENTREPRISE COMMERCIALE

Conseil d'administration

Président directeur général (PDG)
Vice président
Directeur général

Service des ventes
Service des ventes intérieures
Service des ventes extérieures
Service des expéditions
Service après-vente
Service de la publicité
Service des statistiques

Directeur des ventes
Chef du service d'exportation
Chef de publicité
Représentants
Vendeurs

Service des achats
Service de l'approvisionnement
Service des stocks à l'entrepôt

Le responsable (du service) des achats
Gestionnaire des stocks
Magasiniers

Service de production
Service de révision

Chef de production
Ingénieur en chef
Sous-chef de production
Contremaîtres
Ouvriers qualifiés
Ouvriers spécialisés
Manœuvres

Bureau d'étude
Recherches expérimentales

Directeur de recherche
Projeteur en chef
Ingénieurs
Dessinateurs

Administration
Service de la comptabilité
Service des factures
Secrétariat général
Service du contentieux
Service du personnel

Secrétaire général
Secrétaires
Sténo-dactylos
Chef comptable
Chef du personnel
Employés de bureaux

Fig. 10

N.B. Une firme ne comprend pas forcément tous les services que nous avons énumérés plus haut.

Grammar

1 Present Subjunctive

Stem: The Present Subjunctive stem of most verbs is the same as the indicative stem in the 3rd person plural present tense:

donner: donn–
finir: finiss–
vendre: vend–
but note the following common irregular stems:
faire: fass–   pouvoir: puiss–
savoir: sach–   falloir: faill–

Endings: With the exceptions of *être* and *avoir* which must be learned separately (see note 1 below) the endings for all verbs in the present subjunctive are as follows:

je —e   nous —ions
tu —es   vous —iez
il —e   ils —ent

e.g.: *je donne; tu finisses; il vende;*
       nous fassions; vous sachiez; ils puissent

Notes

1 Present Subjunctive of *être: sois, sois, soit, soyons, soyez, soient.*
  Present Subjunctive of *avoir: aie, aies, ait, ayons, ayez, aient.*

2 Certain irregular verbs revert in the 1st and 2nd person plural to a similar form to the Imperfect Indicative:

*aller: aille; ailles; aille; **allions; alliez;** aillent*
*vouloir: veuille; veuilles; veuille; **voulions; vouliez;** veuillent*
*prendre: prenne; prennes; prenne; **prenions; preniez;** prennent*
*venir: vienne; viennes; vienne; **venions; veniez;** viennent*

2 Imperfect Subjunctive

One of three types based on the Past Historic endings, *–ai; –is; –us;*

je parl–asse	*je descend–isse*	*je fusse*
tu parl–asses	*tu descend–isses*	*tu fusses*
il parl–ât	*il descend–ît*	*il fût*
nous parl–assions	*nous descend–issions*	*nous fussions*
vous parl–assiez	*vous descend–issiez*	*vous fussiez*
ils parl–assent	*ils descend–issent*	*ils fussent*

3 Perfect and Pluperfect Subjunctive

Formed by putting the auxiliary verb (*avoir/être*) into the present subjunctive (Perfect) and imperfect subjunctive (Pluperfect).

PERFECT

Je suis désolé que vous n'ayez pas pu le voir – I'm sorry you weren't able to see him.

PLUPERFECT

*Il était déçu qu'elle ne **fût** pas **revenue*** – He was disappointed she hadn't come back.

TENSE OF THE SUBJUNCTIVE

In theory the sequence of tenses when the Subjunctive is used in the dependent clause is as follows:

PRESENT	*il faut*	
	il faudra	*que j'y aille*
	il a fallu	
IMPERFECT	*il fallait*	
	il fallut	*qu'il restât*
	il faudrait	

However, it is unlikely that you will hear French people use the imperfect subjunctive in speech, and in particular the '–*ass*–' form should be avoided. Despite the theory shown above, in practice the present subjunctive is nearly always used:

*Elle souhaitait qu'il **reste** avec elle.*
*Il faudrait que j'y **aille.***

USE OF THE SUBJUNCTIVE

General:

Broadly speaking the Subjunctive tends to be used where there is an element of **doubt/uncertainty/conjecture** and therefore tends to convey the idea of: would/should

        could   do

        may/might

Hence the Subjunctive occurs in clauses dependent on verbs and expressions denoting:

(*a*) **Desire/wish/emotion/sentiment**
    wish/desire:
    vouloir que   *aimer mieux que*
    désirer que   *préférer que*
    souhaiter que
    *Je préfère qu'il **vienne** un autre jour* (implies 'would come').
    *Ils voulaient qu'on **aille** les voir demain* (implies 'should go').
    *Je souhaite que vous **arriviez** sain et sauf* (implies 'may arrive').

Emotion/feeling:
être heureux/ravi/content que
être désolé/fâché que
c'est dommage/honteux que
il est curieux que
regretter que
s'étonner que
Je suis désolé que vous n'ayez pas pu le voir (implies 'should not have been able to').
C'est honteux que vous ne puissiez pas le voir (implies 'should not be able to').

(b) **Possibility[1] doubt/necessity/denial**
possibility: *il est possible que/il est impossible que*
        il se peut que
Il se peut que vous ayez raison (implies 'could/may be right').
doubt: *il est peu probable que[2]*
        je ne crois pas que[2]/je ne pense pas que[2]
        je ne suis pas sûr que[2]
Je ne crois pas qu'il fasse ça (implies 'would do that').
necessity: *il est nécessaire que   il est temps que*
        il faut que   il vaut mieux que
        Il vaut mieux que vous attendiez (implies 'should wait').
denial: *nier que*
        ce n'est pas que
        Vous ne pouvez pas nier que la situation soit dangereuse (implies 'could be').

(c) **Ordering/forbidding**
commander que
ordonner/donner l'ordre que
défendre que
exiger que
permettre que
empêcher que[3]
Il a ordonné que tous ses hommes soient prêts (implies 'should be ready').

Notes:

1 Hence the use of the subjunctive after superlatives, e.g. *C'est le plus beau film que j'aie jamais vu.* (c.f. Drill D, Chapter 2)
2 The indicative is used in the positive form, e.g.
    il est probable que
    je crois/je pense que   } *vous avez raison*
    je suis sûr que

3 Requires *ne* before the verb in the subjunctive, e.g.
     *Empêchez qu'on **ne** parte!* Prevent anyone from leaving!

General guidance for using the subjunctive

As it is rather difficult to remember all the above categories students might
be advised to follow the general rule that the subjunctive tends to occur in
the clause following verbal constructions involving *que*, i.e. the verb in the
subjunctive is usually preceded by *que*.

Mr Sanderson discusses with M. Cochaud, a French marketing consultant, different methods of advertising in France . . .

SECRÉTAIRE — M. Cochaud est arrivé monsieur.

SANDERSON — Merci, qu'il entre! . . . Bonjour mon cher Roger. Comme vous savez, à la dernière réunion du Conseil d'Administration il a été décidé de consacrer une somme importante à la promotion de nos produits sur le marché français, et puisque vous êtes plus au courant que moi des affaires françaises, je vous ai invité pour que nous parlions un peu de la publicité en France.

COCHAUD — Bien volontiers. De quoi aimeriez-vous parler en premier?

SANDERSON — Parlons de la presse d'abord si vous voulez bien. Supposé que nous mettions une réclame dans un journal – lequel nous conseilleriez-vous de choisir?

COCHAUD — En France, voyez-vous, il n'y a pas de presse nationale au même titre qu'en Angleterre. Même *Le Figaro* et *Le Monde* qui ont une réputation mondiale et qui pourraient passer pour des journaux nationaux sont finalement des journaux parisiens et leur tirage[1] est inférieur à un demi-million par jour. Pour que vous puissiez toucher l'ensemble de la population il faudrait que vous fassiez paraître une annonce dans au moins dix-huit quotidiens de province.[2]

SANDERSON — Et les magazines hebdomadaires ou mensuels?[3]

COCHAUD — En effet pour une campagne de publicité à l'échelon national il vaudrait mieux s'adresser à un hebdomadaire comme *Paris Match.*

SANDERSON — Je sais que ce magazine jouit toujours d'une forte circulation,[3] alors qu'il n'y a pas d'équivalent en Angleterre.

COCHAUD — C'est exact. Maintenant en ce qui concerne la télévision, il existe aussi une grande différence entre la France et la Grande Bretagne – c'est à dire qu'il n'y a pas de chaîne commerciale. Les trois chaînes actuelles[4] appartiennent à l'état et il n'y a que très peu d'émissions publicitaires. Bien qu'on ait augmenté le nombre de réclames, vu le revenu important qu'elles signifient pour les compagnies, il n'y a que quelques minutes de publicité par jour et seulement entre les programmes – jamais au milieu d'une émission comme sur la chaîne commerciale en Grande Bretagne.

SANDERSON — Est-ce que la radio commerciale existe?

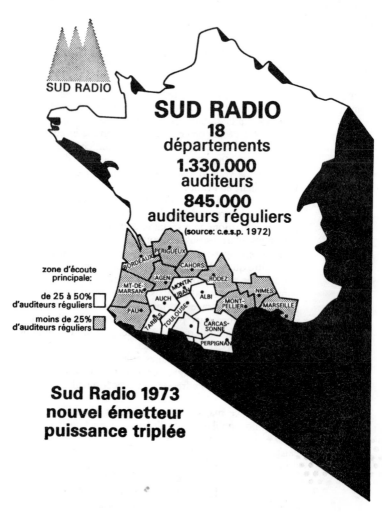

Fig. 11

COCHAUD — Oui, je crois que la radio ferait mieux votre affaire. Bien que les stations commerciales soient périphériques[5], leurs émissions sont écoutées par l'ensemble de la population française. En effet, leurs programmes sont destinés aux auditeurs français et sont très souvent réalisés à Paris.

SANDERSON — Auriez-vous une idée du prix de la minute-poste[6] des différentes stations commerciales?

COCHAUD — Il faudrait que je regarde les derniers tarifs et je vous les communiquerai. Mais de toute façon, avant que vous décidiez quoi que ce soit, il faudrait donc que je vous mette en contact avec une agence de publicité[7] en France, car une agence pourrait vous conseiller beaucoup mieux que moi par exemple sur les prix et les autres moyens de publicité comme les imprimés (prospectus, dépliants, catalogues, brochures, etc.) ou les différents salons, foires commerciales et expositions qui existent.

SANDERSON — Bon, entendu – j'attends que vous m'envoyiez l'adresse d'une bonne agence de publicité et ensuite je ferai les démarches nécessaires. Je vous remercie de vos conseils . . .

Notes

1 *France-Soir* has the largest circulation, and sales reached 1,115,783 in 1960. However, by 1979 circulation was down to just over half a million (64% of sales in Paris and suburbs). Sales of *Le Monde*, France's top quality newspaper, on the other hand have increased steadily since 1960 (166, 910) and are now just below the half million mark.

2 The three largest provincial dailies are: *Ouest France* (Rennes) 646,000; *Le Progrès* (Lyon) 397,000; *La Voix du Nord* (Lille) 378,000.

3 Family magazines enjoy a high national circulation: *Télé 7 Jours* (equivalent of *Radio Times* and *T.V. Times*), 2,000,000; *Jours de France* 535,000. The main news magazines are *Paris Match* 500,000; *L'Express* (Radical) 600,000; *Le Nouvel Observateur* (Socialist) 350,000. There are also several business and financial journals such as *L'Expansion*; *Le Nouvel Economiste*; *L'Usine Nouvelle*; *Valeurs Actuelles*.

4 In July 1974, despite considerable political and commercial pressure, President Giscard d'Estaing obtained the cabinet's endorsement of a presidential veto on the establishment of a commercial television channel. Instead the decision was taken to make the three existing state channels 'separate, competitive and autonomous', and in January 1975 the *ORTF* (*Office de la Radio Télévision française*) was dismantled, after controlling all television services and state-run radio stations in France for the previous ten years. It was replaced by seven autonomous companies (but under continuing state control), one for each of the

new TV channels, i.e., *Télévision Française 1, Antenne 2* and *France 3.* A fourth company, Radio France, controls the country's three state-run domestic radio stations – *France-Inter, France Culture* and *France Musique,* and the three other new companies are reponsible for production and technical services. Each of the companies has its own director but there is no longer an overall broadcasting chief in the style of the director-general of the defunct *ORTF* system.

5 There are six main commercial radio stations, all peripheral: *Europe No. 1* (Sarre); *R.T.L. (Radio Télévision Luxembourg); Radio Monté Carlo; Radio Andorre, Sud Radio; Radio Océan* (Andorre).

6 *'minute-poste'* – minute of advertising on the air.

7 The four main advertising agencies in France in 1978 were *Publicis, Roux Sequela Cayzac, Havas Conseil* and *Lintas.*

Answer in French

1 Qu'est-ce qu'il a été décidé à la dernière réunion du Conseil d'Administration?

2 Pourquoi Mr Sanderson a-t-il invité M. Cochaud?

3 Quelle est la différence essentielle entre la presse en France et la presse en Angleterre?

4 Expliquez les termes 'hebdomadaire' et 'mensuel'.

5 Quelle est la grande différence entre la télévision en France et la télévision en Angleterre?

6 Est-ce qu'il y a des émissions publicitaires à la télévision française?

7 Pourquoi la radio en France serait-elle intéressante du point de vue publicité?

8 Quels autres moyens de publicité y a-t-il à part la presse, la télévision et la radio?

9 Quelle suggestion M. Cochaud fait-il à Mr Sanderson à la fin de l'interview?

Translate

1 What would you like to talk about first?

2 Their circulation is less than half a million per day.

3 The whole of the population.

4 On a national scale.

5 Eighteen provincial dailies.

6 There's no independent channel.

7 Their programmes are aimed at French listeners.

8 Before you decide anything.

9 I'll take the necessary steps.

10 Thank you for your advice.

Drills

A Subjunctive after certain conjunctions

Link the following pairs using one of the following conjunctions:

bien que; pour que; afin que; avant que; jusqu'à ce que; pourvu que; sans que; soit que; à condition que; supposé que; non que; à moins que. *Do not use the same conjunction twice.*

Exemple: Mr Sanderson téléphone à M. Cochaud. Il vient lui parler de la publicité.

Réponse: Mr Sanderson téléphone à M. Cochaud *pour qu'il vienne* lui parler de la publicité.

Now continue:

1 Mr Sanderson téléphone à M. Cochaud.
  Il vient lui parler de la publicité.
2 Nous ferons paraître une réclame dans le journal.
  Vous avez la somme nécessaire.
3 Il n'y a pas de chaîne commerciale en France.
  L'état permet certaines émissions publicitaires.
4 Il ne faut pas décider quoi que ce soit.
  Vous avez consulté une agence de publicité.
5 Nous allons rester en France.
  Nous parlons couramment le français.
6 Nous emprunterons le reste de l'argent.
  Vous voyez une autre solution.

B Subjunctive after certain conjunctions

Complete the following sentences:

Exemple: Mme Legrand est partie *sans que* . . .

Réponse: Mme Legrand est partie *sans qu'elle ait visité* l'usine.

Now continue:

1 Je vous prête la somme que vous voulez *à condition que* . . .
2 Ils ont décidé de ne pas faire de la publicité *bien que* . . .
3 Elle a suivi des cours de sténo-dactylo *afin que* . . .
4 Je vous ferai voir le reste de l'usine *à moins que* . . .
5 Je vais suivre des cours de français *jusqu'à ce que* . . .

C Subjunctive to express 3rd person imperative

Exemple: M. Leroy voudrait venir vous voir . . .

Réponse: Mais *qu'il vienne* me voir!

Now continue:

1 M. Leroy voudrait venir vous voir . . .
2 Mme Legrand voudrait vous téléphoner demain . . .

3 Elle voudrait faire un stage en Angleterre ...
4 Il voudrait prendre une assurance ...
5 Notre client ne voudrait pas se décider tout de suite ...
6 Nos amis ne voudraient pas aller passer leurs vacances en Italie ...

D Subjunctive with negative or indefinite antecedent

Exemple: Personne ne le connaît ...
Réponse: Mais vous êtes sûr qu'il n'y a personne qui le *connaisse*?

Now continue:

1 Personne ne le connaît ...
2 Aucun employé ne veut accepter ce genre de travail ...
3 Rien ne fait effet dans des cas comme ça ...
4 Aucune garantie n'est valable plus de deux ans ...
5 Personne ne peut vous aider ...

E Consecutive translation

In order for a firm to increase its sales,/ launch new products,/ and open new markets,/ it must be prepared/ to allocate a considerable portion of its budget/ to advertising./

However,/ it is unlikely/ that the advertising departments of most firms/ would be capable/ of conducting a campaign abroad,/ before they have consulted someone/ who knows the market and the particular problems well./ In fact most firms/ prefer their problems to be dealt with by advertising agencies/ – whether they are English or French/ is not important/ provided they have enough experience/ of the media and costs/ in the country concerned./

Conversation Exercise

Jouez le rôle de M. Cochaud

SANDERSON   – Merci d'être venu Roger. J'aimerais vous poser quelques questions sur la publicité en France.

COCHAUD   – (*So it has been decided to allocate money to promote their products on the French market?*)

SANDERSON   – Oui, la décision a été prise à la dernière réunion du Conseil d'Administration lorsque vous étiez en France. Si nous faisions de la publicité dans un grand quotidien français, quel journal nous conseilleriez-vous?

COCHAUD   – (*A national press, as in Britain, doesn't really exist in France.*)

SANDERSON   – Mais je pensais que *Le Figaro* ou *Le Monde* étaient lus partout en France?

COCHAUD   – (*Yes, but their circulation is small. He really needs to advertise in the provincial dailies.*)

SANDERSON   – Ça m'étonnerait qu'on puisse s'offrir le luxe d'une réclame dans dix-huit quotidiens de province! Mais il doit y avoir des magazines qui s'adressent à l'ensemble de la population?

COCHAUD   – (*Indeed, both weeklies and monthlies. Give some examples.*)

SANDERSON   – Il y a donc plusieurs genres de magazine offrant tous des possibilités. Et je suppose que la télévision en France a aussi une chaîne commerciale comme chez nous?

COCHAUD

SANDERSON   – Y a-t-il une radio commerciale?

COCHAUD

SANDERSON   – A qui faudrait-il que je m'adresse pour obtenir les tarifs de publicité à la radio et dans les journaux?

COCHAUD   – (*You'll find out about the latest rates and suggest he does nothing before you put him in touch with an advertising agency.*)

SANDERSON   – D'accord, j'attends que vous me mettiez en contact avec une agence. En attendant je vous remercie d'avoir bien voulu parler de tous ces problèmes avec moi . . .

Grammar

Other uses of the Subjunctive:[1]

1 After the following conjunctions:

bien que
quoique } although

pour que
afin que } in order that

supposé que – supposing that

avant que – before

après que – after

sans que – without

à moins que[2] – unless

à condition que – on condition that

supposé que – supposing that

que . . .
que . . . } whether . . . or whether

jusqu'à ce que – until

pourvu que – provided that

non que – not that

de peur que[2] – for fear that

de crainte que[2]

M. Sanderson a invité Mme Legrand pour qu'elle vienne visiter l'usine.
Il a attendu jusqu'à ce qu'ils aient fini de manger.

2 The subjunctive occurs in clauses dependent on a negative or indefinite antecedent:

Il n'y a personne qui sache parler français.
Connaissez-vous quelqu'un qui puisse nous conseiller?

Notes

1 For a detailed explanation of the uses of the subjunctive see *Advanced French Course* by Whitmarsh and Jukes (Longman) 1970.

2 Requires *ne* before the verb:
   Il devrait être là, à moins qu'il n'ait été retardé.

3 To express a 3rd person imperative:

(*a*) *Vive le roi!*

   Honi soit qui mal y pense!

(*b*) With *que*

   Qu'il vienne me voir! – Let him come and see me!
   Qu'elle attende un instant! – Have her wait a minute!

Fig. 12. *(Reproduced by permission of Punch.)*

Chapter 13: La situation économique en France

ANGLAIS — On a beaucoup entendu parler jusqu'à ces temps derniers de la croissance[1] remarquable de l'économie française.

FRANÇAISE — Il est certain que la France a connu entre '69 et '73 la croissance la plus rapide et surtout la plus régulière de tous les pays de l'Occident. Certains experts ont même prédit qu'en 1985 la France serait le pays le plus riche du monde ![2]

ANGLAIS — Ma femme m'a souvent fait remarquer le nombre de produits français que l'on trouve dans les magasins anglais – articles ménagers, produits alimentaires, etc., sans oublier l'automobile! Qu'est-ce que l'on voit comme voitures françaises sur les routes chez nous!

FRANÇAISE — Il paraît en effet qu'en '73 la France s'est classée au troisième rang des exportateurs mondiaux – après les Etats-Unis et l'Allemagne Fédérale mais devant le Japon. Notre balance commerciale a enregistré à ce moment-là un excédent de 6,7 milliards de francs.[3]

ANGLAIS — Mais cette croissance, qu'a-t-elle apporté au Français moyen?

FRANÇAISE — Elle lui a apporté un niveau de vie très élevé. Les salaires

ont fortement augmenté et le SMIC[4] est régulièrement relevé. A cela il faut ajouter une politique sociale très de-
veloppée – par exemple des allocations familiales[5] élevées,
et d'autres avantages sociaux comme la femme au foyer,
l'allocation scolaire et l'allocation logement. Enfin, n'ou-
blions pas que les Français paient moins d'impôts sur le
revenu que les Anglais.

ANGLAIS   – Oui, je suis d'accord là-dessus, mais vos impôts indirects
sont plus lourds. Voyez-vous, ce qui frappe le touriste
britannique ce sont les prix en France. L'alimentation,
l'habillement, l'essence – tout coûte plus cher que chez nous.
Même en tenant compte du fait que vos salaires sont supé-
rieurs aux nôtres, il n'en demeure pas moins vrai que le coût
de la vie est très élevé en France.

FRANÇAISE   – Je suis d'accord. Nous payons la TVA[6] même sur les produits alimentaires. Certains disent aussi que les marges
bénéficiaires sont beaucoup trop larges. Et la France, comme
tous les pays d'Europe, connaît depuis plusieurs années un
taux d'inflation inquiétant.

ANGLAIS   – Et les deux tiers de cette inflation provenant de l'extérieur,
(notamment de la hausse des matières premières – du pétrole
en particulier) on n'en est plus aux prévisions 'mirobolantes'
d'il y a quelques années.

FRANÇAISE   – Oui, il est certain que depuis '74 l'économie française a subi
un coup dur. L'activité de certaines industries, par exemple
l'habillement, la chaussure, le textile, la sidérurgie a bien
diminué. Après avoir connu la pénurie de main d'œuvre,
nous voyons la recrudescence du chômage[7] et on parle d'importants déficits dans la balance des paiements dans les
années à venir.

ANGLAIS   – A cause de la crise actuelle que traverse la France, les prévisions des Plans quinquennaux[8] qui ont tant aidé votre
économie dans le passé vont prendre de moins en moins
d'importance à l'avenir je suppose?

FRANÇAISE   – Oui, notre septième Plan[9] se contentera de donner de
grandes orientations. Ce sera plutôt au gouvernement de
prendre des mesures nécessaires dans l'immédiat.

ANGLAIS   – Et le vôtre a les moyens financiers de le faire, n'est-ce pas?

FRANÇAISE   – Dans son plan de soutien de l'économie[10] le gouvernement a essayé de maintenir un certain taux de croissance
afin de conserver le pouvoir d'achat,[11] éviter la récession
et une augmentation du chômage.

ANGLAIS   – Il est intéressant de noter que la relance de l'économie ne
se fera pas au dépens du secteur public. C'est pourtant ce

secteur-là qui, en général, est le premier touché en temps de crise.

FRANÇAISE — Dans son programme, le gouvernement s'est engagé soi-disant à créer une société plus juste en améliorant les revenus des classes sociales défavorisées et les conditions de travail des ouvriers.

ANGLAIS — Quelle belle promesse!

FRANÇAISE — De toute façon, il semble bien que l'ère de la croissance pour la croissance soit révolue!

ANGLAIS — Surtout depuis la révolution iranienne[12] qui a entraîné une nouvelle montée des prix du pétrole et de l'or.[13]

FRANÇAISE — Eh oui! Notons aussi que les milieux d'affaires en dépit de la libre concurrence et de la suppression du contrôle des prix,[14] manquent de confiance: ils n'investissent plus autant et ils ne créent pas d'emplois nouveaux! L'optimisme ne règne pas!

ANGLAIS — Espérons quand-même que les années '80 ne seront pas trop dures pour l'économie française!

FRANÇAISE — Espérons-le. Seul l'avenir nous le dira!

Notes

1 *la croissance:* The average annual growth rate in France (*taux de croissance*) between 1969–1973 was 6.1% as against 3.5% in Great Britain. However, the average for the period 1973–1978 was only 3% (0.8% in GB).

2 This was the conclusion reached in a report financed by the government of M. Pompidou and produced by the Hudson Institute of America in 1973. (The same report placed Britain at the bottom of the European league table by 1985!)

3 In 1979 it was estimated that French goods were penetrating British markets more than twice as fast as British goods into French markets. (France is Britain's third largest trading partner after the U.S.A. and West Germany.)

4 *SMIC (Salaire Minimum Interprofessionnel de Croissance):* formerly known as the *SMIG (Salaire Minimum Interprofessionnel Garanti).* See note 5 p. 106.

5 *allocations familiales:* Family allowances in France are the highest in Europe. The present system was introduced into France after the second world war to encourage birth-rate at a time when the population stood at just over 40 millions. The population in 1976 was 52½ millions. It must be stressed that the allowances take the form of cash payments to beneficiaries and not allowances set against pay. National insurance contributions (*côtisations sociales*) are high, accounting for 39.2% of compulsory deductions from pay.

6 *TVA (Taxe à la Valeur Ajoutée)* France has the highest VAT rates of
the 9 EEC members countries with a reduced rate of 7%, a standard
rate of 17.6% and a top rate of 33.33%. VAT was introduced into
France in 1968.

7 *chômage:* Unemployment is a relatively new phenomenon in France,
which, over the last decade, has had to use an increasingly large number
of immigrant workers (see Reading Passage, p. 95) to satisfy the
demands of industry. In November 1973 it was estimated that 2%
(500,000) of the active population was unemployed, and by the end of
1975 the figure had risen to approximately 1,000,000, and to 1,500,000
in 1980. The problem is particularly serious: (a) because of the in-
creasing number of young people unable to find work (650,000 according to *Le Nouvel Observateur,* August 1975) and (b) because if France
is to achieve its industrial aims it must create 250,000 to 300,000 new
jobs a year. The decision to limit the production of Concorde is sig-
nificant in this field, as for each Concorde not built it has been estimated
that 1,000 jobs will be lost.

8 *Plans quinquennaux:* There were six economic plans between 1946 and
1975, the purpose of which was to lay down guidelines and fix targets
for economic growth in different sectors of the French economy. The
first *Plan* (1946–1952) gave priority to the reconstruction of key industries (steel, coal and electricity), whereas the sixth (1970–1975) put
the emphasis on mechanical engineering, and the food, chemical and
electronic industries. The *Commissariat Général au Plan,* directly re-
sponsible to the Prime Minister, and made up of civil servants, econo-
mists, technocrats from various fields of private industry, and trades
unionists, draws up the Plan which is submitted as a bill for parliamentary approval. The Plans, to which can be attributed to a large extent
the successful growth of the French economy, have been successful
mainly because: (a) they unite all sides of government and industry,
(b) they are essentially advisory in nature, and (c) they are non-
political.

9 For details of the VII Plan (1976–1980) see Passive Section, Passage
7, p. 134.

10 In September 1979, the *Barre* government announced an 'injection'
of $4\frac{1}{2}$ thousand million francs into the economy, approximately half
of which was to go to low-income families, and the elderly, and the
other half to the building industry and public works.

11 The purchasing power of the average Frenchman increased by only
0·6% in 1979 as against 5% in 1974.

12 The pro-western Shah was deposed in February 1979 and Iran was
proclaimed an Islamic Republic by its new religious leader Ayatollah
Khomeini.

13 C.f. figure 13.

14 Price controls were abolished in September 1979.

Answer in French

1 Que peut-on dire du taux de croissance en France ces dernières années par rapport à celui des autres pays européens?
2 Sur le plan économique, quelle prédiction a été faite pour 1985?
3 Quels produits français trouve-t-on souvent en Angleterre?
4 En 1973 à quel rang la France s'est-elle classée parmi les pays exportateurs?
5 La croissance, qu'a-t-elle apporté au Français moyen?
6 Que signifie le SMIC?
7 De quels avantages sociaux jouissent les Français?
8 Quelle est la grande différence entre les impôts en Grande Bretagne et les impôts en France.
9 Quelle différence y a-t-il entre la TVA en France et la TVA en Grande Bretagne?
10 Qu'est-ce qui coûte plus cher en France qu'en Angleterre?
11 Les impôts indirects comme la TVA mis à part, pourquoi les prix en France sont-ils si élevés?
12 Quels sont les signes de récession de l'économie française?
13 Quelles mesures ont été prises par le gouvernement français pour soutenir l'économie?

Translate

1 Between 1969 and 1973 France had the fastest and, in particular, the most consistent growth rate of all western countries.
2 What a lot of French cars can be seen on the roads in our country.
3 I agree on that.
4 It nevertheless remains a fact that the cost of living is very high in France.
5 We pay VAT even on foodstuffs.
6 The increase in the price of raw materials – particularly oil.
7 The future no longer looks as rosy as it did a few years ago.
8 Since 1974 the French economy has been hard hit.
9 Reflation of the economy will not take place at the expense of the public sector.
10 It appears that the era of growth for growth's sake is over.

Reading passage

(linked passage for reading; translation; transcription; summary; oral discussion)

Quelques réflexions sur le chômage en France

Les spécialistes de l'économie ne voient pas de solution au problème du chômage dans l'immédiat. L'industrie ne créera que très peu de postes de travail nouveaux. Depuis cinquante ans des secteurs comme le cuir et le textile diminuent leurs effectifs, et à cela va s'ajouter la stagnation dans l'automobile, le bâtiment et les travaux publics. La chimie et les industries de pointe ne feront que des appels modestes à de la main d'œuvre nouvelle. Les portes de l'enseignement sont closes et la mutation du commerce est ralentie par la loi Royer.[1]

Bien sûr certaines tendances vont s'accentuer – le maintien de l'excédent de 200,000 jeunes sur le nombre de personnes qui quittent le travail par retraite ou décès; le maintien de l'exode rural (on prévoit 3,8 % de réduction annuelle du nombre des agriculteurs); le maintien d'un flot d'immigrants attirés par le niveau de vie français. Mais il existe aussi un facteur nouveau: la volonté des femmes d'avoir une vie professionnelle.

On peut énumérer cinq dispositions susceptibles d'atténuer le chômage dans les années à venir. Les deux premières: retour aux quarante heures et retraite à soixante ans (réclamées depuis longtemps par les syndicats et inscrites dans le programme commun de la gauche)[2] sont conformes à l'évolution de notre temps, mais elles ne sont pas gratuites et leur coût se retrouvera dans l'indice des prix. Elles doivent être manipulées avec des précautions économiques pour la première, humaines pour la seconde. Les trois autres sont des chimères dangereuses: l'arrêt total de l'immigration risquerait de troubler les bonnes relations avec l'Afrique du Nord et serait peu efficace face à l'immigration clandestine; la généralisation du travail à temps partiel pourrait attirer trop de femmes qui sont à la maison aujourd'hui et créerait ainsi beaucoup plus de demandes d'emploi que le retrait d'une minorité ne créerait d'offres; enfin il est difficile d'imaginer mesure plus 'sexiste' et plus rétrograde que la dernière disposition – c'est à dire l'idée de payer le salaire minimum à toutes les femmes qui restent chez elles. Une telle mesure reviendrait beaucoup trop cher.

L'Express (19–25 mai 1975)
adapted.

Notes

1 See note 1, page 131.
2 c.f. Ch. 17, 'La Politique en France'.

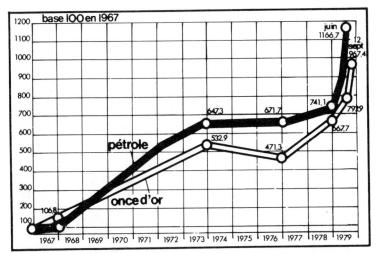

Fig. 13. L'once d'or, au marché de Londres, semble courir après le prix du pétrole: ici, le prix du baril d'Arabian Light. Malgré sa hausse, l'or jaune est encore en retard sur l'or noir.

Chapter 14:   La situation économique en Grande Bretagne*

Fig. 14. "C'est celui-là! Il veut payer en livres sterling."
(Reproduced by permission of Punch.)

FRANÇAISE — On ne peut pas dire que l'entrée de la Grande Bretagne dans le Marché commun ait résolu ses problèmes économiques.

ANGLAIS — Vous avez raison, mais peut-être que notre entrée s'est effectuée trop tard. Le boom européen des années '60 est terminé, et toutes les perspectives alléchantes d'un marché élargi paraissent moins prometteuses aujourd'hui. Depuis quelque temps l'Europe est en crise: crise de l'Europe verte avec ses montagnes de beurre et de bœuf; crise monétaire avec le flottement[1] de la plupart des monnaies européennes; crise de l'énergie; crise inflationniste.

FRANÇAISE — Oui, mais attention! La crise économique en Grande Bretagne n'est pas uniquement due à votre alignement sur les prix européens. La crise de l'économie anglaise remonte à plus loin.

ANGLAIS — En effet, la Grande Bretagne apparaît comme l'exemple le plus typique d'une économie où la hausse des prix a été forte alors que la production stagnait. C'est ce que les économistes appellent la 'stagflation'.

* c.f. Passive Section, Passage 6 (p. 133).

FRANÇAISE — Comment expliquez-vous cette situation?

ANGLAIS — Cette situation est en partie due à des conflits sociaux[2] qui coûtent des milliards de livres à l'économie britannique. Et les grèves mises à part, il y a eu la flambée des salaires et des prix.

FRANÇAISE — Il ne faut pas tout mettre sur le dos des ouvriers. Les ouvriers ne peuvent pas être les seuls responsables.

ANGLAIS — Je suis d'accord avec vous. Si l'on considère le niveau d'investissement en machines et en équipements en Grande Bretagne dans les dix dernières années on constate qu'il n'a représenté que 9 % du produit national britannique.

FRANÇAISE — Tandis qu'il est de 12 % en France et légèrement plus en Allemagne Fédérale. Vos capitalistes semblent prêts à investir n'importe où dans le monde[3] plutôt que dans leurs propres usines!

ANGLAIS — Exactement – pourtant ce n'est pas l'argent qui manque dans le secteur privé. S'il y a eu des faillites, il faut dire qu 'il y a eu aussi des bénéfices excessifs en temps de crise – les banques par exemple, et les promoteurs de l'immobilier . . .

FRANÇAISE — Et les compagnies pétrolières sans doute!

ANGLAIS — C'est ça. Il ne faut pas non plus sous-estimer la puissance financière de la Bourse de Londres dont le chiffre d'affaires dépasse de loin celui de toutes les autres places réunies – sans parler de tous les services (assurances, banques, commerce) que seul peut rendre la 'City'.

FRANÇAISE — Il est certain que la 'City' devrait trouver en Europe un champ d'action à sa mesure. Et par rapport à la France vous avez beaucoup plus de compagnies géantes regroupant plusieurs entreprises qui ont fusionné à la suite d'OPA.[4]

ANGLAIS — Et malgré tout cet argent le revenu disponible réel des Britanniques ne s'est guère amélioré ces dernières années. Et le nombre des chômeurs n'a cessé de croître.

FRANÇAISE — A cause de l'inflation, due en partie à la hausse des mat ères premières, toutes les économies sont touchées – la France et l'Allemagne y compris. Cependant l'Angleterre, elle, possède un atout majeur que ses autres partenaires n'ont pas.

ANGLAIS — Oui, heureusement que nous avons le pétrole et le gaz de la Mer du Nord. La dernière estimation fait état d'une production de 100 millions de tonnes par an en 1980, mais d'après les milieux pétroliers la découverte de nouveaux gisements pourraient faire monter le tonnage jusqu'à 300 millions voire 500 millions en période d'exploitation maximale vers 1985–1990. Il paraît que nous serons à même d'en exporter dans les années 80.

FRANÇAISE – Si le prix du baril est raisonnable par rapport au prix arabe, la France sera certainement une bonne cliente! Mais pour en revenir à la crise actuelle – quelles dispositions le gouvernement a-t-il prises.

ANGLAIS – Il a encouragé la libre entreprise en réduisant les impôts directs, et, bien qu'il n'y ait pas de politique des revenus, il recommande sagesse et mesure dans les revendications salariales afin de freiner l'inflation galopante.[5]

FRANÇAISE – Et je suppose qu'il y aura des réductions dans les dépenses budgétaires, et moins d'hôpitaux, d'écoles et d'autoroutes seront créés?

ANGLAIS – C'est sûr! Et d'après nos dirigeants l'état de nos finances ne nous permettra plus le luxe des transports gratuits pour les écoliers et des repas scolaires subventionnés. Le gouvernement cherche aussi à faire des économies dans la fonction publique où beaucoup de postes risquent d'être supprimés.

FRANÇAISE – Oh, vous savez, les années '80 s'annoncent mal pour tout l'occident, et les Anglais ne seront pas les seuls à traverser une période d'austérité, et à se serrer la ceinture'!

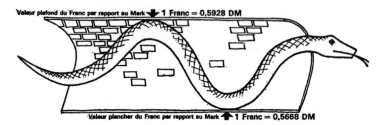

Valeur plafond du Franc par rapport au Mark ⬇ 1 Franc = 0,5928 DM

Valeur plancher du Franc par rapport au Mark ⬆ 1 Franc = 0,5668 DM

Fig. 15. Depuis l'abandon du système des parités fixes, le mark, le florin, le franc belge, ainsi que les couronnes danoise, suédoise et norvégienne, sont liés par l'accord européen dit du 'serpent'. En juillet 1975, le franc s'y est rattaché. Les monnaies du serpent peuvent ensemble fluctuer librement par rapport au dollar et aux autres monnaies. Mais, entre elles, les écarts ne peuvent excéder 4,50% Ainsi, le prix du plafond du franc par rapport au mark est de 0,5928 (59,28 marks pour 100 Francs) et le prix plancher est de 0,5668 marks (56,68 marks pour 100 Francs).

Notes

1 West Germany was the first of the EEC countries to float its currency followed by Britain, France and Italy.
2 Widespread social unrest during the autumn and winter 1978–9 was considered to be one of the main reasons for the defeat of the Socialists in the general election of May 79.
3 British investment in the USA is between fifteen and twenty times higher than French investments there.
4 *OPA (Offre Publique d'Achat)*: take-over bid.
5 17% in 1979 compared with 11% in France and 7.4% in West Germany.
6 *aérotrain* (hovertrain): The experimental line near Cambridge was finally closed in August 1974 because of high costs.

Answer in French

1 D'après l'Anglais, l'entrée de la Grande Bretagne se serait effectuée trop tard. Pourquoi?
2 Quelles crises l'Europe traverse-t-elle?
3 Qu'est-ce que la 'stagflation'?
4 Que s'est-il passé sur le plan social en 1979?
5 Quel est le taux d'investissements en Grande Bretagne et en France pour les dix dernières années?
6 Dans quelles branches du secteur privé y a-t-il eu des bénéfices excessifs?
7 Quelle est l'importance de la 'City'?
8 Le revenu disponible réel des Britanniques s'est-il amélioré ces dernières années?
9 Quel atout majeur la Grande Bretagne possède-t-elle en matière d'énergie?
10 Quel est l'effet d'une crise économique sur le secteur public?
11 Quelles sont les dispositions prises par le gouvernement britannique pour faire face à la crise?
12 Quelles mesures le gouvernement va-t-il prendre pour faire des économies dans la fonction publique?

Translate

1 Perhaps our entry was made too late.
2 The English economic crisis goes back further.
3 You can't blame everything on the workers.
4 And yet there's no lack of money in the private sector.
5 Real earnings of English people have increased little.
6 England holds a major trump card.
7 The discovery of new (oil) fields.
8 To return to the present crisis.
9 The English will not be the only ones to tighten their belts!

Rôle-playing

Play the part of the Englishman in the following dialogue:

FRANÇAISE   – L'adhésion de la Grande Bretagne au Marché commun lui a-t-elle été bénéfique du point de vue économique?

ANGLAIS   – (*Perhaps we joined too late. Europe seems to be facing a series of crises itself now.*)

FRANÇAISE   – Vous ne trouvez pas que les problèmes dus au Marché commun n'ont fait qu'aggraver une situation déjà mauvaise?

ANGLAIS   – (*True. Our production has been low and prices high.*)

FRANÇAISE   – Est-ce que les conflits sociaux n'ont pas, eux aussi, porté un coup à votre économie?

ANGLAIS   – (*Indeed! There have been too many strikes, and wages have increased at an alarming rate.*)

FRANÇAISE   – Les augmentations de salaire accordées n'ont fait qu'accroître le taux d'inflation, mais les ouvriers ne sont pas les seuls responsables . . .

ANGLAIS   – (*Mention the low rate of investment over the last ten years.*)

FRANÇAISE   – Mais pourtant les affaires ont été bonnes dans certains secteurs et les bénéfices importants!

ANGLAIS   – (*Indeed, profits have been high. Mention the food industry, bank profits and property speculation.*)

FRANÇAISE   – La 'City' n'a pas d'équivalent en Europe?

ANGLAIS   – (*Say how it compares with other European capitals. Mention the services it provides.*)

FRANÇAISE   – Et cependant le niveau de vie de l'Anglais moyen ne s'est pas tellement amélioré.

ANGLAIS   – (*Wages have not kept up with inflation of late.*)

FRANÇAISE   – Peut-être que tous les pays européens ont à faire face à une récession mais l'Angleterre peut contempler l'avenir avec confiance à cause des découvertes dans la Mer du Nord.

ANGLAIS   – (*Yes, thanks to natural gas and oil. Give details.*)

FRANÇAISE   – Mais en attendant les bénéfices que vous apporteront le gaz et le pétrole au large de vos côtes, je vois que votre gouvernement a pris des mesures à court terme pour pallier à la crise.

ANGLAIS   – (*Yes, they have increased the bank rate and VAT, and made cuts in public expenditure.*)

Reading passage

(Linked passage for reading, translation, summary, oral discussion.)

L'avenir Economique de la Grande Bretagne.

Au-delà du mauvais cap actuel, quelles sont donc les perspectives pour l'économie britannique dans les années 80? Certains secteurs seront favorisés et il faudrait citer bien sûr les activités qui profitent de l'avènement pétrolier: la pétrochimie et la chimie en général (B.P. chemicals, I.C.I., mais Pilkington aussi), la construction mécanique pour la chimie (avec des sociétés d'ores et déjà florissantes, comme Davy Powergas, John Brown, Simon Engineering, Petro-carbon Developments, Humphreys & Glasgow . . .) Le charbon fécondera aussi une industrie de l'équipement minier, déjà très forte avec Anderson Mavor et British Jeffrey Diamond. L'agriculture britannique, compétitive à bien des égards, s'améliorera encore et soutiendra les fabricants de matériel agricole. Les producteurs d'appareillage scientifique et les sociétés d'électronique (ordinateurs, radars, équipement hospitalier) se placeront bien sur le marché international; de grandes firmes comme G.E.C. (avec la diversification dans l'électricité nucléaire) continueront à progresser.

Cette restructuration sectorielle s'accompagnera d'un remodelage géographique. Le Nord de l'Angleterre a été le berceau de la révolution industrielle, avec le charbon, l'acier et le textile. Puis l'industrie est descendue vers Londres. Maintenant elle va remonter vers le nord jusqu'en Ecosse. A Glasgow même le matériel pétrolier prend le relais de la construction navale. Plus bas, dans le Lancashire, le Yorkshire, et les Midlands on parle de la 'renaissance' du pays. A Manchester, par exemple, qui fut baptisée 'Cottonopolis' le voyageur est frappé par tous les restes – hideux – de la première révolution industrielle: cheminées d'usines fumantes, entrepôts à la Dickens, en plein cœur de ville. Mais graduellement la brique est rasée et laisse la place au verre et au béton.

'Ici le textile était tout,' raconte le Président de la Chambre de Commerce de Burnley. Mais des cent cinquante entreprises qui existaient avant la guerre, il n'en reste pas dix! Les autres ont disparu ou ont été rachetées par les 'gros': Courtaulds, Tootal, Carrington Viyella – qui sont internationalement compétitifs. Les petites affaires qui subsistent sont viables. Mais dans la région, le textile est dorénavant moins important que les activités nouvelles: mécanique, électrochimie . . . Dans le Yorkshire voisin, c'est la même régénerescence, et Leeds devient un centre d'affaires majeur.

Devant la Grande Bretagne, il y aura certes quelques années très rudes, mais en 1980 elle sera dans une position plus favorable. Grâce à l'énergie meilleur marché les Britanniques auront la richesse et la croissance, mais ils sauront aussi préserver la qualité de la vie: le meilleur des deux mondes.

L'Expansion
(adapted)

ANGLAIS   – Alors, quel est l'équivalent en France du TUC?

FRANÇAISE   – Nous n'avons pas de centrale syndicale nationale en France.
             L'unité syndicale n'a d'ailleurs jamais existé chez nous.
             Actuellement, il y a trois grandes centrales syndicales – la
             CGT, la CFDT, et FO. Puis, pour les cadres, la CGC.[1]

ANGLAIS   – Pourquoi cette division?

FRANÇAISE   – Parce que le syndicalisme est plus politisé en France. Ainsi
             la CGT est communiste, la CFDT socio-démocrate, et FO
             socialiste.

ANGLAIS   – Et alors tous les syndicats en France sont affiliés à une de
             ces centrales?

FRANÇAISE   – Oui, à l'exception de certaines fédérations et confédérations
             indépendantes, comme par exemple celle des étudiants[2] ou
             des enseignants.[3]

ANGLAIS   – Mais une telle division, n'est-elle pas dangereuse face à un
             patronat[4] ou un gouvernement bien organisé comme en
             France?

FRANÇAISE   – Dans un climat politique tel que le nôtre, c'est à dire dominé
             par une majorité qui semble capable d'absorber presque tous
             les mouvements politiques conventionnels, on pense que les
             centrales syndicales peuvent constituer une opposition poli-
             tique efficace.

ANGLAIS   – En Angleterre, le TUC est en quelque sorte le soutien ouvrier
             et financier du Labour Party, mais on ne peut pas dire que
             le syndicalisme soit aussi politisé qu'ici.

FRANÇAISE   – En France, par exemple, on voit les syndicats s'intéresser au
             problème du logement, à l'éducation nationale, aux auto-
             routes et aux hôpitaux.

ANGLAIS   – Je verrais difficilement les syndicats anglais s'intéresser à ces
             choses-là! Ce qui intéresse les syndiqués chez nous, c'est
             surtout leurs salaires et leurs conditions de travail!

FRANÇAISE   – Vous savez, chez nous c'est pareil. Même s'il n'y a pas
             d'unité syndicale, l'unité d'action existe – par exemple pour
             un salaire minimum[5] et la retraite à 60 ans pour *tous* les
             ouvriers. La forme d'action la plus courante pour toute
             revendication est la grève générale de 24 heures.

ANGLAIS   – Je suppose qu'avec si peu de syndiqués – (à l'heure actuelle
             un ouvrier sur quatre, n'est-ce pas?) – il n'y a pas assez de
             fonds pour soutenir une grève illimitée?

* c.f. Passive Section, Passage 2 (p. 129).

FRANÇAISE   – C'est exact.

ANGLAIS   – Comment se fait-il que le mouvement syndical soit si faible par rapport à la Grande Bretagne?

FRANÇAISE   – On peut expliquer cela de plusieurs façons – le Français est peut-être plus individualiste, et puis la France n'a pas eu la même histoire industrielle que la Grande Bretagne. Mais, il y a aussi des éléments nouveaux dans le monde ouvrier, certains groupes, par exemple les jeunes, les femmes, et surtout les immigrés ne se sentent pas représentés. L'organisation à la base, si puissante en Angleterre, est faible en France.

ANGLAIS   – Que voulez-vous dire par là?

FRANÇAISE   – Eh bien, au sommet de l'échelle syndicale les centrales sont reconnues officiellement. Elles prennent part aux conseils d'administration des industries nationalisées, et sont responsables en partie pour l'administration de la Sécurité Sociale.[6] Elles sont reçues à Matignon,[7] et sont représentées dans les comités d'entreprise dans l'industrie. Elles sont donc consultées au plus haut niveau.

ANGLAIS   – Donc, la base se sent coupée du sommet?

FRANÇAISE   – C'est ça. Nos délégués syndicaux ont moins de pouvoir que vos 'shop-stewards', et il y a trop d'intérêts à considérer dans une grande entreprise pour s'occuper des revendications d'une petite section. C'est pour cela que la grève part plus souvent de la base (souvent à la suite d'agitation gauchiste) qu'elle n'est suscitée par les états-majors. Prenez les évènements de mai '68[8] par exemple!

Notes

1 Les grandes centrales syndicales:

(*a*) The CGT (*Confédération générale du travail*) is the largest and most powerful of the unions, having the support of the French official Communist Party. Traditional marxist in outlook, it is devoted to the class struggle. Sworn enemy of FO, the CGT did, however, opt for joint action with its more militant partner the CFDT over the issues of a minimum wage, and retirement at 60. The CGT enjoys good relations with the Employers' Federation (CNPF), and wishes at all costs to avoid anarchy within the French trades union movement.

(*b*) The second largest union the CFDT (*Confédération française démocratique du travail*) is the most feared by the CNPF, as it is highly militant and believes firmly in public ownership and worker control (*autogestion*) as the natural 'end product' of democracy. Interested in widening and modernising the French trades union movement, the CFDT is at present seeking to attract to its ranks the militants within those sectors insufficiently represented by the main unions, e.g., women, and immigrant workers.

(*c*) Despite the fact that the left wing of FO (*Force ouvrière*) would like to see a closer partnership with the CGT and CFDT, the mainstream of the union is searching for a different image from the traditional 'us and them' of the other unions. Ideally, one based on the Swedish or German pattern, with the union in partnership with the employers and government. Thus FO, whose membership is rapidly expanding, attracts to its ranks those workers whose standard of living has improved as a result of the consumer society, and have no quarrel with the industrial hierarchy.

(*d*) Traditionally the 'staff' union as distinct from the 'workers', the CGC (*Confédération générale des cadres*) has recently opened its ranks even wider as the working class continues to evolve, its leadership arguing that there will soon be more executives, technicians, and foremen than workers in the traditional sense. The CGC is particularly well placed, being able to attract those who are put off by the class struggle and who are suspicious of the swing to the left of the CFDT, and the contradictions of FO.

(*e*) Mainly maoist and trotskyist the *'gauchistes'* believe in total and permanent worker revolution as a remedy for social injustice. Particularly active amongst immigrant workers, and often supported by left-wing intellectuals (Jean-Paul Sartre, Alain Geismar) the *'gauchistes'* have shown on several occasions that they are a force to be reckoned with – for the union movement as well as the employers and government.

2 UNEF: *Union nationale des étudiants français.*

3 FEN: *Fédération de l'éducation nationale.*

4 CNPF (*Conseil national du patronat français*): French employers' federation, equivalent of CBI.

5 Although there exists a basic fixed hourly rate of pay drawn up by the government in conjunction with the unions below which no worker should be paid – the SMIC (*Salaire Minimum Interprofessionnel de Croissance*), tied to the retail price index and the growth rate, the unions have fought for a basic monthly salary (40 hours per week), involving a considerable increase in the SMIC.

6 *Sécurité sociale:* French welfare state established after the second World War. (See Chapter 13.)

7 *l'hôtel Matignon:* official residence of the French Prime Minister.

8 Student agitation in Paris in the spring of 1968 spread rapidly from the university to involve factory workers, and resulted in a general strike lasting several weeks, which brought the country's economy to an almost total halt. One of the most interesting aspects of the events was that the major unions were all taken by surprise, and were slow to support the workers.

Answer in French

1 Quelles sont les principales centrales syndicales françaises?
2 Est-ce que tous les syndicats en France sont affiliés à une des grandes centrales?
3 Quel rôle politique les syndicats peuvent-ils jouer en France?
4 Est-ce que les syndicats en Angleterre sont aussi politisés qu'en France?
5 Pour quelles revendications y a-t-il unité d'action syndicale?
6 Pourquoi y a-t-il si peu de grèves illimitées en France par rapport à l'Angleterre?
7 Quelle difficulté les centrales françaises rencontrent-elles dans les grandes entreprises?
8 Est-ce que la plupart des ouvriers sont syndiqués en France?
9 Quels rapports le TUC entretient-il avec le Labour Party?
10 Quelles catégories de la classe ouvrière française se sentent mal représentées par les grandes centrales?

Translate

1 The trades union movement is more politicised in France.
2 The large unions can provide an efficient political opposition.
3 In France the unions are seen to take an interest in the housing shortage, education, motorways and hospitals.
4 I find it difficult to imagine the unions in England interested in that sort of thing.
5 The 24-hour general strike is the most usual form of action in support of any claim.
6 One out of every four workers belongs to a union at the present time.
7 How is it that the trades union movement is so weak compared to Britain?
8 What do you mean by that?
9 The unions sit on the boards of the nationalised industries.
10 They (the unions) are consulted at the highest level.

Reading passage

(Linked passage for reading, translation, summary, oral discussion.)

Premiers victimes des grèves: les syndicats.

Le problème pour les trois grandes centrales syndicales est que leur clientèle se situe en général chez les ouvriers professionnels,[1] mâles, français, d'âge adulte dans le secteur nationalisé. Or, les récentes actions revendicatives ont démarré dans les milieux d'immigrés, d'OS[1] et de jeunes relativement peu syndicalisés. L'action de ces minorités, insuffisamment prises en compte par les centrales, ne s'est pas heurtée seulement aux résistances patronales et gouvernementales – elle a rencontré aussi les réticences des autres salariés. On a vu, chez Renault par exemple, des ouvriers professionels d'une usine déclencher une action revendicative pour protester contre le fait que les avantages accordés aux OS, réduisaient l'écart entre la situation de ces derniers et la leur. Donc, les centrales se trouvent placées devant la nécessité délicate d'arbitrer entre les revendications de leurs différentes clientèles.

Les syndicats découvrent aussi qu'ils se sont fait 'doubler' par les gauchistes sur un certain nombre de terrains où ils auraient dû être présents. A la Régie Renault[2] par exemple, la CGT et la CFDT ont mis du temps à comprendre que l'action auprès des immigrés se fait moins efficacement dans les ateliers que dans les foyers où ils résident. Au contraire, les gauchistes, eux, sont allés dans les bidonvilles, ils ont montré aux Portugais, aux Espagnols et aux Algériens qu'ils étaient victimes d'inégalités par rapport à leurs camarades français, aussi bien sur les salaires que sur les conditions de vie et de travail.

Il ne suffit plus à la CGT de prononcer les mots d'ordre traditionnels – salaire minimum, retraite à 60 ans. Plutôt qu'à de vastes mouvements nationaux, nous allons assister à des conflits sur des problèmes précis: cadences, bruit, sécurité et durée de travail, rémunération au rendement. La retraite, sur laquelle la CGT avait récemment négocié des accords avantageux à la Régie intéresse les ouvriers professionels adultes et les petits cadres, mais elle n'intéresse pas du tout les jeunes et les étrangers, lesquels n'ont nullement l'intention de finir leur vie à la Régie. C'est pareil pour le salaire minimum[3] – vache sacrée de la CGT. La publication des feuilles de paye des OS de la Régie Renault a surpris les jeunes apprentis de la chaussure comme ceux du textile qui sont loin de bénéficier de pareilles rémunérations.

L'Expansion. (May 1973).
(adapted)

Notes

1 OS (*ouvrier spécialisé*): semi-skilled worker. The OS constitute the main assembly-line work force in the car industry. Below them comes the lowest grade, *'manœuvre'* (unskilled labourer), and above them the *'ouvrier qualifié'* or *'ouvrier professionel'*, i.e., having a trade or craft, and above them the *'contremaîtres'* (foremen).

2 *Régie Renault:* the prefix *Régie* denotes state ownership. Renault was nationalised after the Second World War as a 'punishment' for having collaborated with the Germans.

3 See note 5 to the dialogue in this chapter.

FRANÇAISE	– En Angleterre vous avez beaucoup de grèves sauvages.
ANGLAIS	– Hélas oui! Des millions de journées de travail sont ainsi perdues chaque année.
FRANÇAISE	– Mais vous n'avez donc pas de centrales syndicales qui commandent à l'échelon national?
ANGLAIS	– Si, nous avons le TUC – une sorte de confédération de syndicats autonomes auquel sont affiliés la plupart des syndicats en Angleterre, mais le vrai pouvoir se trouve à la base où la majorité, voire la quasi-totalité des ouvriers, sont syndiqués.
FRANÇAISE	– Voulez-vous dire que la masse ne respecte pas les décisions prises par les dirigeants – décisions transmises aux ouvriers par leurs délégués syndicaux?
ANGLAIS	– Il ne faut pas confondre votre délégué syndical avec notre 'shop-steward'. En Angleterre, les syndiqués s'organisent par atelier et par métier. Prenons l'exemple du syndicat des transporteurs – le TGWU, qui est un des plus puissants avec deux millions d'adhérents. Non seulement les dockers y appartiennent, mais aussi l'ouvrier de chez Ford qui conduit un Fenwick.[1]
FRANÇAISE	– Tandis que cet ouvrier-là, s'il travaillait chez Renault appartiendrait au syndicat des métallos.[2]
ANGLAIS	– En Angleterre c'est plus compliqué. Chez Ford il y a une vingtaine de syndicats, chacun avec ses propres revendications.
FRANÇAISE	– Je comprends – vos 'shop-stewards' ce sont plutôt des délégués d'atelier?
ANGLAIS	– C'est ça. Non seulement ils représentent le syndicat, mais ils s'occupent aussi des intérêts de leurs collègues d'atelier qui font le même métier qu'eux. Si leur section est mécontente ils peuvent lancer l'ordre de grève, avec ou sans le soutien de l'état-major, car ils ont toujours les ouvriers de leur section derrière eux.
FRANÇAISE	– Et le soutien des autres membres de leur syndicat dans d'autres entreprises, n'est-ce pas?
ANGLAIS	– Bien sûr; ainsi la mise en grève d'une seule section peut entraîner la fermeture non seulement de toute l'usine mais elle peut même aboutir à une grève à l'échelon national.
FRANÇAISE	– D'où vient cette puissance ouvrière devant laquelle les employeurs et le gouvernement semblent être impuissants?

ANGLAIS – N'oubliez pas que l'Angleterre a été le premier pays du monde à s'industrialiser, donc le premier pays à avoir une classe ouvrière. Il a bien fallu que ce prolétariat apprenne à s'organiser et se battre pour survivre dans un pays capitaliste qui l'exploitait.

FRANÇAISE – Votre Parti Travailliste est en quelque sorte issu de ce mouvement, n'est-ce pas?

ANGLAIS – C'est ça, et le TUC est toujours resté le soutien ouvrier et financier[3] du parti. Mais les syndicats s'intéressent moins aux problèmes politiques qu'aux injustices sociales.

FRANÇAISE – Cependant la situation des ouvriers s'est nettement améliorée ces dernières années et la plupart des injustices qui existaient avant ont disparu.

ANGLAIS – Il y a eu des améliorations, c'est un fait, mais les structures sociales n'ont guère changé, et la distribution de la richesse et des revenus est toujours aussi déséquilibrée. Savez-vous par exemple que 5 % des Britanniques possèdent 53 % de la richesse privée? Les ouvriers estiment qu'ils ont droit à une plus grosse part du gâteau!

FRANÇAISE – Et pourtant, il n'y a guère de solidarité syndicale malgré les apparences. Il me semble que dans le syndicalisme aussi les gros écrasent les petits.

ANGLAIS – C'est vrai – vous pensez sans doute aux mineurs et aux dockers qui gagnent deux fois plus que les infirmières et les travailleurs municipaux.

FRANÇAISE – D'après une section de l'opinion publique, le syndiqué ne pense qu'à ses propres revendications et tant pis pour l'économie et le pays.

ANGLAIS – Peut-être, mais on comprend que l'ouvrier fasse grève pour obtenir une augmentation afin de maintenir son pouvoir d'achat face à l'inflation; qu'il soit amer quand le gouvernement lui demande de se serrer la ceinture alors que certains font des bénéfices énormes; qu'il ne veuille pas faire d'heures supplémentaires quand il paie le tiers de ce qu'il gagne en impôts directs; et qu'enfin il réclame la garantie de l'emploi face à un chômage croissant.

Notes

1 Fork-lift truck.
2 Metal-workers union. The union for all *ouvriers métallurgistes* whether in engineering generally or the car industry.
3 The unions contribute some two-thirds of the party's headquarters income and about four-fifths of their election fund.

Answer in French

1 Quelle est la conséquence des grèves sauvages sur l'économie?
2 Qu'est-ce que le TUC?
3 Comment expliquer la puissance à la base du mouvement syndical en Grande Bretagne?
4 Qu'est-ce que le TGWU?
5 Pourquoi la situation syndicale est-elle plus compliquée chez Ford que chez Renault par exemple?
6 Quel est le rôle du 'shop-steward'?
7 Quel rapport y a-t-il entre le Parti Travailliste et le TUC?
8 Quel risque les petits syndicats courent-ils?
9 Quelle critique peut-on adresser aux syndicats?
10 Que peut-on dire pour justifier l'attitude des ouvriers?

Translate

1 The real power is to be found at the grass roots.
2 The majority, indeed practically the whole of the work-force belongs to a union.
3 Do you mean the mass doesn't abide by the decisions taken by the leaders?
4 You mustn't confuse your union representative with our shop-steward.
5 The TGWU, which is one of the most powerful with two million members.
6 At Fords there are some twenty unions, each with its own demands.
7 He can call a strike with or without the support of headquarters.
8 It (f.) can lead to a strike on a national scale.
9 Your Labour Party was, in a way, born of this movement.
10 The workers reckon they have a right to a larger share of the cake.

Rôle-playing

Play the part of the Englishman in the following dialogue.

FRANÇAISE   – Vos grèves sauvages coûtent cher à l'économie anglaise!
ANGLAIS   – (*Yes. Millions of working days are lost every year because of them.*)
FRANÇAISE   – Mais vous n'avez donc pas de centrales syndicales qui commandent à l'échelon national?
ANGLAIS   – (*Yes. Explain what the TUC is.*)
FRANÇAISE   – Est-ce que beaucoup d'ouvriers sont syndiqués en Angleterre?
ANGLAIS   – (*The majority. In fact virtually all workers belong to a union.*)
FRANÇAISE   – Dites-moi, un 'shop-steward' c'est un délégué syndical, n'est-ce pas?

ANGLAIS   – (*No. Explain the difference.*)
FRANÇAISE   – Ah, ça veut dire qu'un ouvrier qui conduit un camion est
               membre du même syndicat qu'un ouvrier de l'industrie
               automobile ou qu'un docker?
ANGLAIS   – (*Exactly. They would all be members of the powerful TGWU.*)
FRANÇAISE   – Alors les ouvriers chez Ford ne sont pas tous dans le même
               syndicat, celui des métallos comme chez Renault ou Volks-
               wagen?
ANGLAIS   – (*Indeed not. There are about twenty unions represented at
               Fords, each with its separate demands.*)
FRANÇAISE   – En effet, je vois le danger!
ANGLAIS   – (*Exactly. A strike by one of these unions could close down
               the factory.*)
FRANÇAISE   – Et je suppose que la décision d'un 'shop-steward' peut avoir
               de lourdes conséquences à tous les niveaux?
ANGLAIS   – (*Yes. If he has the support of his workshop colleagues, he
               can call a strike without support from H.Q.*)
FRANÇAISE   – Comment se fait-il que le mouvement syndical soit si puis-
               sant en Angleterre?
ANGLAIS   – (*Industrialisation started in England, and the workers had
               to organise themselves to survive.*)
FRANÇAISE   – Oui, ils sont organisés, et pourtant l'unité syndicale n'existe
               pas. Il semblerait que c'est la loi du plus fort et ce sont les
               syndicats les plus puissants dans les secteurs clefs qui ar-
               rivent à obtenir la plupart de leurs revendications alors que
               les petits n'y parviennent pas.
ANGLAIS   – (*Very true. Give examples.*)
FRANÇAISE   – Mais qu'est devenu le 'fair-play' britannique? Non seule-
               ment le syndiqué fait preuve d'égoisme envers ses col-
               lègues mais ne porte-t-il pas préjudice à l'économie de son
               pays?
ANGLAIS   – (*Perhaps, but look at it from the workers' point of view.*)

Reading passage

(Linked passage for reading, translation, summary, oral discussion.)

*Buts et attitudes du TUC (sur le plan politique, au niveau de l'entreprise, et
face à l'Europe)*

Sur le plan politique, il existe des rapports étroits entre le TUC et le Parti
Travailliste,[1] car le mouvement syndical est d'inspiration socialiste. Mais
cela n'implique pas pour autant un soutien inconditionnel aux thèses du
manifeste du parti. Le TUC garde une attitude pragmatique car il y a
divergence de vues sur certains points. C'est le cas peut-être en ce qui

concerne la politique des relations industrielles que le TUC a opposé avec succès.[2] La tentative du Parti Conservateur à cet égard a été beaucoup plus désastreuse. L'échec de la loi Carr[3] sur les relations industrielles, qui abolissait la politique traditionnelle de libre négociation des conventions collectives en substituant un système législatif des salaires et des procédures de conciliation obligatoire en cas de grève, a démontré qu'il faut s'accomoder du pouvoir syndical et qu'on ne peut pas 'battre' les syndicats sans détruire le pays.[4]

A l'intérieur de l'entreprise le TUC se déclare favorable à un système de cogestion – il propose que dans toutes les entreprises employant plus de 200 personnes, la direction soit coiffée par un conseil de surveillance qui aurait le droit d'annuler les décisions de la direction ou de l'assemblée des actionnaires. Les représentants du personnel disposeraient d'un droit de véto sur certaines grandes décisions de l'entreprise. Quant à l'autogestion, le TUC est plus réticent et se borne à dire que tout dépend de chaque cas, tout en admettant les succès des ouvriers des chantiers navals d'Ecosse[5] et celui des ouvriers de chez Lip.[6] En matière de participation financière sous forme d'intéressement le TUC est plus catégorique, en affirmant que toutes les études qu'ils ont menées démontrent qu'elle n'est pas efficace et qu'elle n'a pas de valeur. Le TUC estime qu'il est plus intéressant de se battre sur les salaires.

L'attitude du TUC vis à vis de l'Europe est assez ambigue. D'un côté le TUC assiste régulièrement aux réunions de Bruxelles et participe à l'étude des problèmes européens. Il existe des rapports suivis avec FO et la CFDT[7] et des contacts avec la CGT, et un Britannique[8] fut nommé premier président du Congrès Européen des Syndicats. L'attitude du TUC envers l'ETUC[9] a été plutôt négative que positive. Le problème essentiel d'un mouvement européen syndical est que n'importe quel programme d'action sociale préconisé est trop large pour obtenir un accord commun sur des points majeurs – souvent parce que les 'gros'[10] n'en ont pas besoin ou s'y opposent.

> Extract from interview given by Len Murray,
> General Secretary of TUC to *L'Expansion*

Notes

1 At its conference in September 1974 the TUC voted in favour of a 'Social Contract' with the government.
2 Barbara Castle's proposed bill on industrial relations ('In Place of Strife') was withdrawn in 1970 because of TUC opposition.
3 The repeal of the Industrial Relations Act, which was introduced by the Conservative government in 1971 despite massive TUC opposition, was one of the first tasks of the minority Socialist government in 1971.
4 An estimated four times as many working days were lost during the

Heath administration (1970–1974) than during the previous Wilson administration.

5 The shipyards of the Clyde were successfully taken over by the workers in 1973 after threats of closure under the Conservative 'lame-duck' policy.

6 The famous French clock and watch factory at Besançon was taken over by the workers in April 1973 after a management decision to close the factory which was in financial difficulties. The workers continued, successfully, to make and sell watches for several months and eventually, with belated help from the unions, and despite police occupation of the premises, won their fight to keep the factory open. The 'affaire Lip' was not finally settled until March 1974.

7 See notes to Chapter 15.

8 Lord Feather, former Secretary General of the TUC and an ardent European.

9 At the ETUC conference in Copenhagen in May 1974 the TUC successfully vetoed the proposed European Petroleum Bank and used its influence to block a European Price Commission.

10 The largest are the British TUC and the West German DGB.

ANGLAIS   – La Ve. République a beaucoup évolué depuis sa création
            n'est-ce pas. On peut se demander si le Général de Gaulle
            avait jamais envisagé un président socialiste[1]!

FRANÇAISE   – C'est difficile à dire. Néanmoins de Gaulle avait eu le
            mérite de rassembler autour de lui des hommes de
            tendances diverses. Au cours des années 60, l'UNR[2]
            regroupait des Gaullistes de droite et des Gaullistes de
            gauche, tandis que depuis '78, sous le sigle RPR[2], ce
            parti est devenu un parti de droite.

ANGLAIS   – Ce qui est sûr c'est que la France a été dominé pendant
            longtemps par le Gaullisme, que ce soit celui de de Gaulle
            ou de Pompidou.[3]

FRANÇAISE   – Oui, ce n'est qu'en '74 que la France a élu un président de
            la Ve. République ne sortant pas des rangs de l'UDR[2].

ANGLAIS   – Giscard d'Estaing?

FRANÇAISE   – C'est exact. Il appartenait aux Républicains Indépen-
            dants[4]. Mais il avait quand-même besoin des Gaullistes
            qui, durant son septennat, étaient le parti majoritaire à
            l'Assemblée Nationale[5].

ANGLAIS   – A part le RPR, sur quels autres partis pouvait-il compter?

FRANÇAISE   – Il avait le soutien conditionnel du CNIP[6] et aussi celui
            des Centristes.

ANGLAIS   – Que voulez-vous dire par les Centristes?

FRANÇAISE   – Voyez-vous, Giscard d'Estaing cherchait à créer un
            mouvement républicain élargi – un rassemblement des
            partis du centre. Ainsi est née l'UDF[5] qui regroupait le
            Parti Républicain, le Centre des Démocrates Sociaux,
            les Radicaux, le Mouvement Démocrate-Socialiste de
            France et les membres de la majorité présidentielle.
            D'après les Giscardiens, l'axe de la majorité devait
            changer parce que le Président avait changé.

ANGLAIS   – Mais malgré toutes ses tentatives d'ouverture et de
            libéralisation l'électorat n'a pas renouvelé son mandat!

FRANÇAISE   – C'est vrai. Ainsi la victoire de Mitterrand[8] aux élections
            présidentielles de mai 1981 a mis fin à 23 ans de mono-
            polie du pouvoir par la droite et le centre-droite.

ANGLAIS   – Pour nous étrangers, la situation économique de la
            France paraissait enviable. Pourquoi cette défaite de la
            droite?

FRANÇAISE   – Je suppose que la majorité de l'électorat a fait preuve
            d'un désir de changement après tant d'années de pater-

nalisme conservateur. D'autant plus que l'électorat a rajeuni[9] et ce sont les jeunes qui sont les plus touchés par le chômage qui prend des proportions inquiétantes[10]. Vous savez, la France aussi traverse une période de récession . . .

ANGLAIS — Sur l'appui de quels partis un président socialiste peut-il compter?

FRANÇAISE — Sur son propre parti le Parti Socialiste[11] bien sûr, qui s'est révélé le plus puissant[12] des partis de la gauche, sur le PSU[11], les Radicaux de Gauche[13] et les Ecologistes.[14]

ANGLAIS — Et les Communistes sans doute?

FRANÇAISE — Oui, non seulement le PC[11] mais, encore plus à gauche, il y a des partis comme Lutte Ouvrière de tendance trotskiste et divers groupements marxistes-léninistes qui, au deuxième tour des élections législatives se désistent[15] en faveur du parti de la gauche réunissant le plus grand nombre de voix au premier tour.

ANGLAIS — Il est normal que les divers partis de la gauche soutiennent un président socialiste, mais l'élément décisif pour Mitterrand, c'est l'appui éventuel du centre.

FRANÇAISE — Exactement, il sera intéressant de voir si certains Centristes soutiendront une nouvelle majorité présidentielle, ou s'ils feront partie d'une opposition de la droite avec les Gaullistes. Quoi qu'il en soit, le climat est à l'optimisme en France et l'enthousiasme règne surtout chez les jeunes qui souhaitent une réduction des inégalités sociales, et une plus juste répartition des richesses.

ANGLAIS — Mais ces richesses, avant de les distribuer, il faut les créer. La semaine de trente-cinq heures, l'augmentation des allocations familiales et du SMIC[16] ne risquent-elles pas de coûter cher à votre industrie et de compromettre sa compétitivité à l'étranger?

FRANÇAISE — C'est pour cela qu'une partie de l'électorat est inquiète. Elle craint aussi la flambée des salaires, due aux revendications syndicales, qui risque encore d'augmenter le taux d'inflation et le nombre des chômeurs.

ANGLAIS — Qui sait? Votre Président saura peut-être réaliser le miracle de la prospérité économique dans une société juste et fraternelle.

Notes

1 The concentration of power in the National Assembly, where polit-

ical parties proliferated, was the main reason for the frequently
changing, indecisive and ineffective governments of the Third and
Fourth Republics. It was this unsatisfactory aspect of French political
life which de Gaulle successfully removed by the new constitution of
the Fifth Republic in 1958, which transferred the power from the
Assembly to the Presidency.

2 Formed in 1958 after the establishment of the Fifth Republic, the
UNR (*Union pour la Nouvelle République*) changed its name after the
événements of 1968 (see note 8 to Chapter 15) to UDR (*Union des
Démocrates pour la République*). The name was again changed in
December 1976 to RPR (*Rassemblement pour la République*) in an
attempt to change its increasingly right-wing image, and become a
more open party reminiscent of de Gaulle's RPF (*Rassemblement du
Peuple Français*) of 1947.

3 George Pompidou, de Gaulle's former prime minister, became the
second president of the Fifth Republic in 1969 after the resignation of
de Gaulle. Pompidou's premature death in 1974 was the reason for
the presidential elections won by Giscard d'Estaing.

4 The name was changed in 1977 to *Parti Républicain*.

5 *Assemblée Nationale*: French Lower House whose members (*députés*)
are elected for a five year period by a two ballot system (*scrutin
uninominal à deux tours*). The Assemblée can be dissolved during its
mandate by the president, and can overthrow the government by
adopting a motion of censure or passing a vote of no confidence in
the majority

6 *Centre National des Indépendants et Paysans*.

7 The title UDF (*Union pour la Démocratie Française*) was adopted
before the legislative elections of 1978 by the newly formed Giscar-
dian centre alliance.

8 In the second ballot François Mitterrand, the Socialist Party leader
gained 51.8% of the votes cast as against Giscard d'Estaing's 48.2%
to become France's twenty-first president and the fourth president of
the Fifth Republic.

9 The vote of the 18–20 age group was considered to be a decisive
factor in Mitterrand's victory.

10 Unemployment on the eve of the June '81 legislative elections was
estimated at 7.5% of the total French labour force. (See also note 7
page 94.)

11 The main French Socialist Party PSF (*Parti Socialiste Français*) is the
successor to the SFIO (*Section Française de l'Internationale Ouvrière*)
formed in 1905. At its congress in Tours in 1920 a break-away group
formed the PC (*Parti Communiste*), and the Socialists were further
split in 1960 by the formation of the PSU (*Parti Socialiste Unifié*).

12 The Communist share of the poll is usually at least 20%. However,

their candidate George Marchais obtained only 15% of the votes cast in the first round of the '81 presidential elections, the other 5% of traditional Communist voters switching their support to Mitterrand.

13 MRG (*Mouvement des Radicaux de Gauche*).

14 The Ecology Party gave its support to Mitterrand because of his promise to cut back France's nuclear programme.

15 A feature of the French electoral system, *le désistement* is common practice amongst all parties in the second round, when candidates who have polled few votes withdraw in favour of the front runners nearest to their own political convictions.

16 Immediately following the '81 presidential elections, and in keeping with electoral promises, negotiations for a 35 hour working week were started, and the SMIC and family allowances (see notes 4 and 5 on page 93) were increased by 10% and 25% respectively.

Answer in French

1 De Gaulle, qu'avait-il réussi à faire sur le plan politique?

2 Qu'est-ce que le RPR?

3 Quel événement politique a eu lieu en 1974?

4 Qu'est-ce que l'UDF?

5 Qu'a marqué la victoire de François Mitterrand aux élections présidentielles de 1981?

6 A quoi pouvait-on attribuer la défaite de la droite?

7 Sur l'appui de quels partis un président socialiste peut-il compter?

8 Quel rôle les partis du centre peuvent-ils jouer?

9 Quelles mesures sociales ont été prises au lendemain des élections présidentielles?

10 Pourquoi une partie de l'électorat est-elle inquiète?

Translate

1 What is sure is that for a long time France was dominated by Gaullism, either de Gaulle's or Pompidou's.

2 Not until '74 did France elect a president of the Fifth Republic who wasn't from the Gaullist (UDR) ranks.

3 But nevertheless he needed the support of the Gaullists who were the majority party in the National Assembly during his term of office.

4 But despite all these attempts at open and liberal politics he was not re-elected!

5 Mitterrand's victory in the presidential elections of May 1981 ended 23 years of the monopoly of power by the right and centre-right.

6 There are more young voters and it's young people who are the most seriously hit by unemployment.

7 There are parties . . . which stand down in favour of the left-wing party gaining most votes in the first round.

L'Assemblée sortante

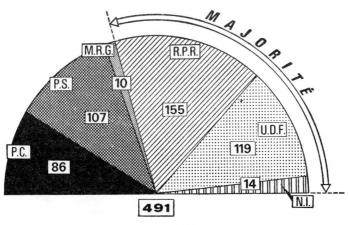

Fig. 16(a)

La nouvelle Assemblée

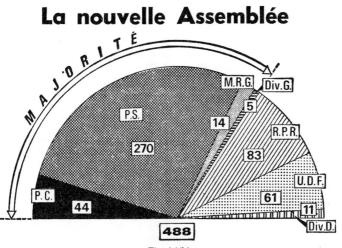

Fig. 16(b)

8 It will be interesting to see whether some centrists will support a new presidential majority or join a right-wing opposition with the Gaullists.

9 There's a mood of optimism and enthusiasm, particularly among young people, who want to see fewer social inequalities and a fairer distribution of wealth.

10 Some voters are worried. They fear soaring wages as a result of union demands, which may well further increase the rate of inflation and the number of unemployed.

Reading passage

(Linked passage for reading, translation, summary, oral discussion)

Un homme et un parti

La victoire du parti socialiste, confirmant et amplifiant celle de M. François Mitterrand le 10 mai, constitue l'événement politique le plus important de l'après-guerre après le départ du général de Gaulle en 1946 et son retour en 1958. Jamais mutation aussi profonde ne s'était produite.

De 1946 à 1958, avec les communistes puis sans eux, des majorités instables, aux prises avec la guerre froide et les conflits d'outre-mer, ont gouverné au centre, sans cesser d'être à la merci de l'Assemblée nationale. C'était, disait-on, *'le régime des partis'*.

De 1958 à 1981, sous de Gaulle puis sans lui, la France a été gouvernée par des présidents de la République élus au suffrage universel avec des majorités stables mais plus ou moins unies face à une opposition de gauche s'implantant progressivement dans le pays mais impuissante à l'Assemblée nationale. Ce fut une variante du régime présidentiel.

Aujourd'hui, un président socialiste largement élu dispose d'une majorité socialiste absolue; le président a la majorité de sa politique. Ce que n'ont eu ni de Gaulle, de 1958 à 1962, ni Giscard d'Estaing de 1976 à 1981.

Aujourd'hui, les deux dépositaires de la souveraineté nationale, le président de la République et l'Assemblée nationale, sont en parfaite conformité. Le régime peut vraiment devenir à la fois présidentiel et parlementaire, comme le voulaient ses initiateurs. Mais il devra d'autant plus se garder d'être partisan que la majorité déborde électoralement et sociologiquement l'électorat traditionnel du parti socialiste.

Aujourd'hui, enfin, comme à la Libération, le pouvoir entend non seulement gérer mais réformer.

. . . .

Les causes et les conséquences de cette double victoire électorale et de cette mutation ne peuvent être qu'esquissées.

Cause politique: le fait présidentiel amplifié par le mode de scrutin et la faiblesse de la campagne des adversaires de la gauche.

Cause sociologique: le désir d'une grande majorité des Français non de changer de société, mais de changer la société en la transformant progressivement.

Si l'on voit assez bien les causes de la mutation politique qui vient de se produire, on en discerne plus mal les raisons sociologiques. Chacun peut avancer sans risque de se tromper: le rajeunissement du corps électoral, l'évolution de la mentalité des milieux chrétiens, l'intégration croissante des femmes dans la vie sociale, l'urbanisation, l'émergence d'une nouvelle génération de cadres politiques lors des élections municipales et cantonales, car si la victoire de M. Mitterrand a été celle de la volonté et même de l'obstination, la victoire du P.S. a été celle de l'organisation et de l'enracinement.

La République des professeurs et des cadres se substitue à celle des notables et des hauts fonctionnaires.

Enfin, la volonté de réformes, la conviction, fondée ou non, qu'à la crise économique il y a des causes non seulement mondiales mais proprement et profondément françaises. L'aspiration au réformisme a joué doublement: en faveur des socialistes et au détriment des communistes.

On comprend encore mal pourquoi les dirigeants communistes se sont lancés dans la 'voie révolutionnaire', alors que la majorité de la classe ouvrière elle-même n'est que réformiste.

Néanmoins si le parti communiste a perdu la moitié de ses sièges, les voix de ses électeurs ont été décisives tant pour l'élection de M. François Mitterrand que pour la victoire du P.S.[1], l'union de la gauche a été une réalité électorale.

Le Monde 23 juin 1981 (adapted)

Notes

1 It was no doubt partly in recognition of this fact that Mitterrand made the expected announcement in June 1981 of the inclusion of four Communist ministers in the new government.

Chapter 18 :   La politique en Grande Bretagne

FRANÇAISE — Vous savez que nous Français citons toujours en exemple votre système politique. Nous admirons beaucoup sa stabilité et sa modération.

ANGLAIS — Il est certain que les extrémistes ne plaisent pas à l'électorat britannique. Parmi les 635 députés aux Communes, on ne trouve ni Communistes ni membres du National Front.

FRANÇAISE — Vous êtes en effet les champions du bipartisme, et cette alternance au pouvoir a permis aux Conservateurs et aux Travaillistes d'acquérir de l'expérience gouvernementale.[1] Par contre, voter pour les uns ou pour les autres ne semble guère apporter de solutions nouvelles.

ANGLAIS — Peut-être. Pourtant chaque parti publie son programme avant les élections et il y a des différences importantes.

FRANÇAISE — Quelle est la doctrine du Parti conservateur?

ANGLAIS — C'est notre parti de droite, le parti capitaliste, celui du patronat, le parti qui s'oppose à la trop forte puissance des syndicats. Les Conservateurs veulent peut-être le progrès, mais, comme leur nom l'indique, ils ne tiennent pas à bouleverser l'ordre social. Ils sont pour la libre entreprise et estiment que l'état ne doit pas s'ingérer dans les affaires des particuliers.

FRANÇAISE — Donc, ils veulent garder la médicine privée et les écoles privées je suppose. Cette liberté du choix semble être réservée aux riches . . . Et les Travaillistes?

ANGLAIS — Notre Labour Party est un parti socialiste et en tant que tel il souhaite une plus juste répartition des richesses dans la société. Les Travaillistes ont ainsi le soutien des syndicats avec lesquels ils ont des liens étroits.

FRANÇAISE — Quelle est l'attitude de ces deux partis vis à vis du Marché commun?

ANGLAIS — Ce sont les Conservateurs qui ont négocié l'entrée de la Grande Bretagne en Europe,[2] et la majorité du parti est pour la communauté européenne. Par contre, les Travaillistes étaient nettement divisés dans leurs attitudes et l'aile gauche du parti a montré son opposition lors du référendum en 1975.

FRANÇAISE — Et quelles mesures les Conservateurs ont-ils prises en matières économique et sociale?

ANGLAIS
– Ils ont baissé les impôts directs afin d'encourager l'industrie privée à investir, car d'après les Conservateurs, seule la libre entreprise peut relancer l'économie et créer des emplois. Ils ont augmenté les impôts indirects, la T V A[3], et ils ont sérieusement réduit les dépenses publiques : le pays ne doit pas dépenser plus qu'il ne gagne.

FRANÇAISE
– Et les Travaillistes?

ANGLAIS
– Leur programme comprend une politique des revenus, une aide financière aux industries en difficulté, la nationalisation de certains secteurs clés, y compris le contrôle d'une partie des revenus du pétrole de la Mer du Nord, et la subvention de certains produits alimentaires. Evidemment, ils s'opposent aux réductions budgétaires dans les services publics.

FRANÇAISE
– Mais qui payerait la note? Les contribuables je suppose?

ANGLAIS
– Oui, sans doute sous forme d'augmentation des impôts sur le revenu et des cotisations de sécurité sociale!

FRANÇAISE
– Que ce soient les Conservateurs ou les Travaillistes au pouvoir, les affaires du pays n'ont pas l'air d'aller mieux!

ANGLAIS
– 'Plus ça change, plus c'est la même chose!' C'est peut-être pour ça qu'une partie de l'électorat vote pour les Libéraux.

FRANÇAISE
– Combien de voix les Libéraux obtiennent-ils en général?

ANGLAIS
– Environ cinq millions! Ce qui est considérable, mais en dépit de cela ils n'ont que 11 sièges au parlement.

FRANÇAISE
– Ils sont donc désavantagés par votre système électoral?

ANGLAIS
– Oui, et non seulement au niveau national mais même au niveau européen.[4] Ce qu'ils veulent, c'est l'adoption d'un système de représentation proportionnelle.

FRANÇAISE
– Est-ce que les Libéraux sont des modérés du centre ou des radicaux de gauche?

ANGLAIS
– Je suppose qu'on pourrait les appeler des centristes en dépit du fait que les jeunes Libéraux sont plus radicaux et veulent pousser le parti vers la gauche. Le Parti libéral ne s'oppose pas en principe à l'idée d'une coalition, surtout avec le nouveau parti du centre[5] qui vient de naître.

FRANÇAISE
– Ah oui, le Parti social-démocrate?

ANGLAIS
– Oui, le S.D.P. qui regroupe surtout des socialistes de tendance modérée qui n'acceptent pas que le Parti travailliste soit dominé par l'extrême-gauche. Cependant ce parti espère aussi attirer des modérés du Parti conservateur.

FRANÇAISE
– Mais pour l'instant vous n'avez toujours que trois partis politiques à Westminster?

ANGLAIS
– Il y a bien les partis nationalistes écossais et gallois, mais ce sont des partis minoritaires dont la popularité semble

en baisse actuellement[6]. Il y a aussi des membres des partis catholiques et protestants de l'Irlande du Nord.

FRANÇAISE – Donc avec la création du Parti social-démocrate il y a du nouveau sur la scène politique?

ANGLAIS – N'oubliez pas non plus que l'Angleterre a été le premier pays européen à élire une femme premier ministre![7]

FRANÇAISE – C'est vrai, j'allais l'oublier . . .!

Notes

1 See note 1 page 127.
2 Britain's official entry into Europe was made in January 1973 under the Heath administration.
3 The standard rate of VAT was increased from 8 % to 15 % by the newly elected Conservative government in 1979.
4 In the first European elections in 1979 each country used its own national electoral system to elect its European MPs. Consequently the Liberal party once again fell victim to the British 'first past the post' system, and no Liberal MEPs were elected. (See also note 2 page 125.)
5 Led by four prominent ex-Labour ministers, Owen, Jenkins, Williams and Rogers, the Social Democratic Party was officially launched in March 1981.
6 The Scottish and Welsh nationalists achieved very disappointing results in the 1979 General Election. The SNP lost no fewer than nine seats and Plaid Cymru one.
7 Margaret Thatcher, leader of the Conservative party, became Britain's first woman Prime Minister following her party's victory in the May 1979 General Election.

Answer in French

1 Qu'admirent les Français dans le système politique anglais?
2 Que peut-on dire sur les partis de l'extrème-gauche et de l'extrème-droite en Grande Bretagne?
3 Quels sont les avantages du bi-partisme?
4 Quelle est la doctrine du Parti conservateur?
5 Quelle est la philosophie des Socialistes?
6 Quelles mesures le gouvernement a-t-il prises pour faire face à la crise économique?
7 Quel serait le programme des Travaillistes?
8 Quelle est l'attitude des deux grands partis vis à vis du Marché commun?
9 Pourquoi une partie de l'électorat se tourne-t-elle vers les Libéraux?
10 Comment pourrait-on décrire les Libéraux?
11 Quel fait nouveau a caractérisé les élections de mai '79?

Translate

1 The British electorate doesn't like extremists.
2 You are the champions of the two-party system.
3 Voting for one party or the other hardly seems to provide any new solutions.
4 As their name implies they are not for upsetting the social order.
5 And consider that the state should not interfere in the business of individuals.
6 It wants to see a fairer distribution of wealth within society.
7 Thus the Socialists have the support of the unions with which they have close links.
8 In the form of increases in income tax and national insurance.
9 In principle the Liberal Party is not against the idea of a coalition.
10 These are minority parties whose popularity is on the wane at the present time.

Rôle-playing

Play the rôle of the Englishman in the following dialogue:

FRANÇAISE – Les partis de l'extrême-gauche et de l'extrême-droite ne semblent pas avoir beaucoup de succès en Angleterre?

ANGLAIS – (*No, they don't. We have as yet no Communist or National Front M.P.s.*)

FRANÇAISE – Quels sont les avantages du bi-partisme?

ANGLAIS

FRANÇAISE – Quelle est l'attitude du Parti conservateur?

ANGLAIS

FRANÇAISE – Et les Travaillistes?

ANGLAIS

FRANÇAISE – Quelles mesures le gouvernement a-t-il prises?

ANGLAIS – (*Say the Conservatives have reduced income tax, but on the other hand, have increased VAT and cut public expenditure.*)

FRANÇAISE – Pourquoi frapper si durement le secteur publique?

ANGLAIS – (*Because according to the government we are spending more than we're earning.*)

FRANÇAISE – En ce qui concerne le Marché commun, je suppose qu'il y a divergence de points de vue entre les Conservateurs et les Travaillistes?

ANGLAIS

FRANÇAISE – Je ne comprends pas pourquoi les Libéraux n'ont pas beaucoup de succès . . .

ANGLAIS – (*Show how they are penalised by the present system both at home and in Europe, and why they want a system of proportional representation.*)

FRANÇAISE – Vous n'avez donc que trois partis politiques à la Chambre des Communes?

ANGLAIS

FRANÇAISE – Alors quoi de neuf sur la scène politique?

ANGLAIS

Reading Passage

(Linked passage for reading; translation; summary; oral discussion.)

Les inconvénients du bipartisme

Jusqu'au milieu des années '60, l'expérience britannique démontrait que l'alternance des deux partis principaux au pouvoir était une chose excellente. Les Conservateurs gardèrent la législation en matière sociale et les mesures de nationalisation du gouvernement Attlee. Le Parti travailliste à son tour, une fois au pouvoir, accepta la plupart des mesures que, en opposition, il avait trouvées inacceptables et même immorales; par exemple la T.V. commerciale et le contrôle de l'immigration. Au cours de cette période d'alternance des deux partis, les syndicats non plus n'organisèrent pas de grèves pour atteindre leur objectif politique, et le patronat ne manigança pas non plus des crises monétaires ni des lock-outs.

Mais depuis cette époque, les partis se sont succédés au pouvoir à un rythme plus rapide.[1] Les programmes politiques sont devenus de plus en plus incompatibles, et par conséquent, les revirements de politique ont créé une atmosphère d'incertitude telle que la croissance économique s'en est trouvée paralysée.

Les partis sont devenus de plus en plus les esclaves de leur propre 'clientèle'. La haute finance et ceux qui s'identifient à elle considèrent les Conservateurs comme leur propre parti et à juste titre. Une grande proportion de ses fonds provient de compagnies privées, et ses candidats et ses députés sont, en majorité, des fermiers, des hommes d'affaires et des hommes de loi avec des intérêts financiers. Cependant 60% de leurs voix proviennent de la classe ouvrière et des pauvres, donc les dirigeants capitalistes ne doivent pas négliger les intérêts de cette section de la population. Les Travaillistes dépendent de plus en plus des syndicats qui penchent de plus en plus vers la gauche – et que ça leur plaise ou pas le parti a besoin de leurs militants, de leurs membres et de leurs fonds.

Dans la conjoncture actuelle, il est facile de prévoir qu'un gouvernement majoritaire, quel qu'il soit, éveillera l'hostilité des supporters de la minorité.

Il est évident qu'un changement dans le système politique serait, d'une manière générale, bénéfique. D'abord, il faudrait adopter un système de représentation proportionnelle. Il est inadmissible que, dans une démocratie telle que la nôtre, un parti[2] qui reçoit environ 14% des voix, n'obtienne que 11 sièges, alors que le Parti travailliste avec 37 % des voix en obtient 268 et le Parti conservateur, avec 44 % des voix en obtient 339.

Il n'y a aucun intérêt à remplacer un cabinet dogmatique par un autre aussi dogmatique à la suite d'une poussée électorale d'environ 3 % – d'autant plus que ni l'un ni l'autre n'a besoin (ni n'a reçu depuis '45) plus de 50 % du vote populaire pour avoir une nette majorité à la Chambre. L'opinion publique change bien moins dramatiquement que les sièges des deux partis respectifs. Et l'expérience de l'Allemagne fédérale a démontré qu'un système de représentation proportionnelle n'aboutit pas nécessairement à une prolifération des partis.[3] Il ne signifie pas non plus l'abandon du système majoritaire, il garantit simplement la nécessité d'une majorité du vote populaire.

Deu ièmement, il faudrait changer le système de financement des partis sur le modèle ouest allemand.[4] Cela ne libérerait pas nécessairement les Conservateurs et les Travaillistes de leur dépendance de la haute finance et des syndicats respectivement. Mais rien d'autre ne serait satisfaisant.

Ces changements mettraient fin à l'alternance de partis majoritaires à caractère récriminatoire; il y aurait plus de continuité dans les programmes sociaux et économiques qu'avec le système actuel.

> Professor Finer in *New Society* (translated).
> (This material first appeared in *New Society*, London, the weekly review of Social Science.)

Notes

1 After the second world war, the Socialists were elected and remained in office until 1951. The Conservatives were then elected and held office until 1964. From that time, the two parties have alternated in government: 1964–70 (Labour), 1970–1974 (Conservative), 1974–79 (Labour), 1979– (Conservative).

2 The Liberal Party. In May 1979 it took almost ten times as many votes to elect a Liberal M.P. as to elect a Conservative or Labour one.

3 West Germany has only two main parties (Christian Democrats and Social Democrats) and the smaller Free Democratic party.

4 See Reading Passage to Chapter 17, 'L'autre moitié'.

1 Les vins de Bordeaux

Les vins de Bordeaux, les rouges en particulier, s'améliorent en vieillissant. Gardez-les dans un endroit sombre et frais. Bien entendu, les bouteilles seront couchées pour que le vin reste au contact du bouchon.

Manipulez avec délicatesse les Bordeaux blancs qui doivent être bus très frais, mais non glacés et les Bordeaux rouges qui seront 'chambrés', c'est à dire amenés lentement à la température d'un appartement modérément chauffé.

La qualité des vins blancs comme des rouges s'épanouira mieux si vous débouchez une heure avant de servir. Cette légère aération favorise le développement du bouquet que vous percevrez mieux si vous remplissez votre verre seulement au tiers.

Une parfaite concordance entre le vin de Bordeaux et n'importe quel mets est toujours possible.

Il est de tradition de boire:

Les vins rosés et clairets sur les hors-d'œuvre, les entrées;

Les vins blancs secs et demi-secs sur les huîtres, les fruits de mer, et les poissons frits;

Les vins blancs liquoreux sur les poissons en sauce, le foie gras, les fruits, les desserts. On peut également les déguster sous forme d'apéritif;

Les vins rouges légers sur les volailles et les viandes blanches;

Les vins rouges corsés sur les viandes rouges, le gibier, les fromages.

L'accord des vins et des mets est cependant une affaire de goût personnel. Donc pas de règles rigides: les vins de Bordeaux vont avec tout.

> Extrait de *L'art de servir les vins*
> publié par les vignerons de Bordeaux

2 La disparition du travail à la chaîne

Surdités, névroses précoces, vieillissements prématurés, dépressions nerveuses, ces maladies sont le triste résultat d'un véritable fléau: le travail à la chaîne.

L'accusé s'appelle Frederick-Winslow Taylor, citoyen américain, mort en 1915, inventeur d'une méthode d'organisation du travail – le taylorisme. C'est lui le responsable de tous les maux dus à l'évolution industrielle moderne et qui s'appellent mécanisation, automatisation, division du travail, définitions précises des mouvements de l'ouvrier et du temps nécessaire pour les accomplir. Jadis on applaudissait; les rendements montaient; la productivité éclatait. Maintenant, on s'épouvante devant des travailleurs irresponsables attachés à leurs machines, victimes de cadences effrénées.

Depuis des années, les sociologues s'interrogeaient. Ils condamnaient ces techniques, mais ils n'avaient rien d'autre à proposer. Aujourd'hui ils ont trouvé une solution: l'organisation du travail par groupes.

En Suède (le pays qui a le plus haut niveau de vie européen et une législation sociale d'avant-garde) le patronat a tout mis en œuvre pour trouver les moyens de donner satisfaction aux ouvriers, et travaille dans ce but avec les syndicats. Les syndicats suédois ont étudié le problème pendant deux ans et leur doctrine se résume en trois points:

premièrement: la spécialisation oppresse l'ouvrier, donc il faut la supprimer.

deuxièmement: quand il y a cinq ou six ouvriers autour d'une table ronde la monotonie disparaît.

troisièmement: si les cadres laissent les ouvriers organiser eux-mêmes leur travail, ils ont un sentiment de liberté.

En France, aux usines Renault du Mans, ils ont essayé de trouver une autre solution au problème du travail à la chaîne. Depuis sept semaines six ouvriers spécialisés de la chaîne de montage des trains de la R5 participent à une expérience 'd'élargissement du travail'. Le principe en est simple: au lieu d'accomplir une opération bien précise (fixer un écrou, poser un porte-fusée, visser l'écrou) comme sur une chaîne classique, l'ouvrier effectue une série d'opérations tout au long de la chaîne: il monte ainsi l'ensemble d'un organe, par exemple un demi-train de R5. Le travailleur n'est plus rivé à sa place, il va et vient selon son travail.

L'opinion des ouvriers. Un des six choisis pour expérimenter cette nouvelle méthode a constaté: 'L'idée de la nouvelle chaîne est bonne. Le travail est moins monotone. L'inconvénient est qu'on n'arrête pas de marcher. On fait à chaque opération un grand nombre de pas inutiles, parce que les pièces à monter ne sont pas à portée de main. Il faudrait une chaîne circulaire ou en fer à cheval.

Paris Match

3 Hypermarchés et centres commerciaux

Ils se piquaient de 'casser', d'"écraser' les prix. On les accuse d'écraser plutôt leurs concurrents. Les Mammouth, Record, Radar, Rallye, Cosmos, Ouragan, Super M. ou Maxi Coop, hyper ou supermarchés, tous vivent au superlatif. L'idée de la grande surface a été importée des Etats-Unis. Elle s'est concrétisée sous la forme d'un hypermarché (2 500 m² de surface de vente) en 1963, à l'enseigne de Carrefour, à Sainte-Geneviève-des-Bois, dans la région parisienne. Un gigantesque hangar avec des rayons d'épicerie au kilomètre. Mais surtout l'hypermarché est entouré de parkings. Il est fait pour l'automobiliste. A partir de là, les grandes surfaces se constituent une clientèle régulière et accroissent leur part de l'espace commercial français. On compte 45 créations en 1969, 42 en 1970, 32 en 1971 et 62 en 1972 qui fut l'année d'or des commerçants. Mais 1973 avec 40 créations paraissait moins fructueuse, et malgré les 227 hypermarchés en France l'avenir est incertain. L'important est de savoir combien il y a en France d'emplacements susceptibles de faire prospérer un hypermarché, c'est à dire ayant 200 000 habitants à vingt minutes de voiture. Conclusion: entre 300 et 400. Autre incertitude: les hypermarchés sont fréquentés en priorité pour les achats alimentaires. Or, la part de l'alimentation dans le budget familial ne cesse de décroître. Il se peut aussi que la loi Royer[1] freine considérablement l'implantation de nouveaux hypermarchés.

Les centres commerciaux ne sont pas non plus sans problèmes. Actuellement, quatorze centres commerciaux sont programmés dans la région parisienne. Quatre sont ouverts: Parly II, Vélizy II, Belle Epine et Rosny. Ils sont tous sur le même modèle: un ensemble de plusieurs hectares où se côtoient deux grands magasins, deux cinémas, de cinquante à cent boutiques individuelles, plus, bien entendu, un vaste parking. Le petit commerce y est donc admis. Parly II est un succès indiscutable: n'est-il pas dû à la proximité de Versailles, sous-équipé commercialement? La marche des autres est un peu en deçà des prévisions. Les promoteurs des centres commerciaux considèrent que leur succès exige 500 000 habitants à une demi-heure de voiture. On sait donc que la saturation sera acquise avec 25 centres faisant 1 % du chiffre d'affaires du commerce français.

Les formules qui réussissent, en ce moment, sont la superette et le petit discounter. Celles qui donnent le plus de déboires sont les grands magasins, les magasins dits populaires, et les supermarchés (surface de vente entre 400 et 2 500 mètres).

La superette est un libre-service, assez sophistiqué et avec une marge normale, qui a entre 120 et 400 mètres C'est un ménage qui le tient. Mais il vit rarement seul, soit qu'il se rattache à un succursaliste, soit qu'il soit lié par contrat avec un grossiste, soit qu'il fasse partie d'une coopérative de détaillants. Il y a, en France actuellement près de 5 000 superettes, et il s'en ouvre 40 par mois.

Le discounter est une boutique dans le non-alimentaire qui fait de gros rabais. Il tient peu d'articles, et limite le service au minimum.

L'Express (4–10 juin, 1973 et 8–14 octobre, 1973)

Notes

1 M. Jean Royer, ministre du Commerce et de l'Artisanat. L'article 21 de son projet de loi en 1973 accordait, par le truchement de la Commission départementale d'urbanisme commercial, le droit aux petits commerçants – qui auraient dix sièges contre cinq aux élus locaux et cinq aux consommateurs – de décider si l'on pourra ou non ouvrir une nouvelle 'grande surface'.

4 La Foire de Lyon

La Foire de Lyon, si elle n'a plus tout à fait droit au qualificatif international qu'on lui donna lors de son baptême en 1918, elle peut se prévaloir du titre 'européen' qu'on lui confère aujourd'hui. Tournée vers l'Europe, la Foire de Lyon, certes, a pris ce virage il y a quelques années; mais elle demeure surtout une vitrine merveilleusement pourvue de toutes les productions du marché national aux différents niveaux de l'économie: il y a la présence fidèle des pavillons de l'Allemagne fédérale, de la Belgique bien entendu, mais avec une entrée en force des pays de l'Est – Bulgarie, Hongrie, Tchécoslovaquie, Yougoslavie, Pologne, Roumanie.

La Foire demeure aussi fidèle à la tradition de présenter, dans ses galeries et ses stands, l'éventail de nouveautés apparaissant aujourd'hui dans tous les compartiments du marché. 2 500 exposants dont 540 étrangers, venus de 30 pays, s'efforceront d'y parvenir jusqu'au 8 avril.

Ils y offriront un panorama complet, à caractère économique, de toutes les grandes familles professionnelles, de la machine – outil aux ordinateurs, en passant par les meubles de bureau et de cuisine, l'électro-ménager, le camping, le caravanning, le nautisme, le cadeau d'entreprise, les motocyclettes et les cycles, le matériel et les matériaux de construction, la manutention, les engins de levage, les équipements de commerce, le nettoyage industriel, les sociétés de service et cette liste est loin d'être limitative.

Ainsi donc, la Foire 1974, inaugurée aujourd'hui par le président du Conseil régional Rhône–Alpes, se présente sous un contraste heureux où s'opposent, pour mieux se compléter, les grandes industries et l'artisanat, les biens d'équipement et ceux de consommation, l'usine et le foyer, le travail et les loisirs, les professionnels et le grand public, donnant ainsi l'aspect vivant d'un monde en marche depuis 56 ans.

Le Progrès de Lyon

5 Haute couture v prêt-à-porter

Samedi dernier s'est ouvert à Paris le Salon du prêt-à-porter. Les grands fabricants ont leur stand à la porte de Versailles. Mais on y trouve aussi certains couturiers (Lanvin, Guy Laroche, Jean Patou, Nina Ricci, etc.). D'autres, comme Ungaro, Saint Laurent et certains leaders du prêt-à-porter, ne veulent pas participer au Salon, mais profitent de la présence à Paris des acheteurs étrangers pour présenter leurs collections: velours cramoisi, cristaux, marbres, dorures: le décor de la haute couture n'a jamais scintillé d'autant de feux.

Et pourtant Yves Saint Laurent dit très sérieusement: 'La haute couture n'a plus que sept ans à vivre'. Les perspectives économiques, il est vrai, sont alarmantes. Autre paradoxe: les collections vont à contre-courant du mouvement engagé, en Europe, contre le gaspillage. Les couturiers font défiler des houppelandes à godets, des capes-tentes, des trench-coats géants tombant à mi-mollets, en loden, en tweed, en cachemire, etc. . . . Cette débauche de tissus est provocante à l'heure de l'austérité.

Pour compenser, les grands couturiers se tournent vers la mécanisation, jusque-là bannie des ateliers: la boutonnière n'est plus l'œuvre d'artistes aux mains de fée. L'ouvrière la réalisait en cinq minutes. Il ne faut que trois secondes à la machine. De même pour les ourlets, les surfils et les poches. Quand le coût d'une ouvrière qualifiée est de 40 francs l'heure, la machine devient une nécessité.

Une robe vendue entre 4 000 et 15 000 francs ne rapportait rien. Les grandes maisons avaient admis que la haute couture n'était plus rentable, mais elles se rattrapaient sur le 'reste': prêt-à-porter, parfums et accessoires. Désormais, le seuil critique est atteint. L'heure de l'industrialisation a sonné. La Chambre syndicale de la haute couture recycle les ouvrières pour leur apprendre à utiliser des machines. Hier, on se battait pour recruter les couturières les plus habiles. Aujourd'hui, on recherche l'outillage le plus perfectionné.

Hier on essayait jusqu'à quatre fois une robe, puis il arrivait qu'on la remette à plat. Aujourd'hui, on limite les essayages. On calcule la coupe, pour ne pas gaspiller trop de tissu. Quand il coûte 200 francs le mètre, le coup de ciseaux mérite réflexion. Il ne faut plus que trente à quarante heures pour terminer un tailleur, au lieu de cent cinquante. En raison de ces techniques, la marge est de plus en plus étroite entre la haute couture et le prêt-à-porter. Pour quelques maisons, comme Grès et Chanel, qui continuent la tradition du fini-main, les autres prennent le virage.

Est-ce l'avenir? Les deux mille clientes privilégiées de la haute couture, les princesses du pétrole, la reine de Thaïlande (dont le mannequin, en bois, sert chez Balmain aux essayages), les épouses des milliardaires, épargnées par le fisc, resteront fidèles aux robes du soir des Mille et Une Nuits payées à prix d'or. Mais elles prendront le chemin des boutiques pour acheter l'imperméable ou la 'petite robe de tous les jours' – à prix d'argent.

L'Express (22–28 juillet, 1974)

6 Le pétrole aux Ecossais

Et soudain il y eut le pétrole Les Anglais évitent d'en parler, mais les Ecossais ne font que cela. Les Gallois attendent prudemment de connaître le résultat des forages effectués au large de leurs côtes, mais l'îlot solitaire de Rockall, perdu à 500 km. des côtes écossaises, en plein Atlantique, est devenu déjà un sujet de disputes entre Londres et l'Irlande. Rockall, annexé il y a dix ans par le Royaume-Uni, est assis sur cette partie du plateau continental qui retient le pétrole comme une éponge prête à être pressée.

Si le pétrole a commencé à bouleverser les données politiques en Grande Bretagne, ce n'est pas parce qu'il n'y en a pas assez, mais parce qu'il y en a trop. L'idée que, dès 1980, la Mer du Nord, à elle seule, pourrait fournir

200 millions de tonnes par an – le double de ce qu'utilisait la Grande Bretagne en 1973 – ne peut que faire danser les esprits écossais.

Pour les dirigeants du SNP il aurait déjà été possible de parler d'une Ecosse indépendante grâce aux revenus du whisky, de l'élevage, des tissus de laine, des chantiers maritimes. Avec le pétrole en plus, ils entrevoient la naissance d'un petit Etat qui ferait des 5 millions d'Ecossais des Européens plus riches encore que les Suédois ou que les Norvégiens. Finie la vie médiocre des Crofters, ces petits fermiers obligés de trouver dans la pêche ou le travail en ville un supplément de revenus; finie l'émigration des Ecossais qui préfèrent s'expatrier en Angleterre, aux Etats-Unis ou au Canada, plutôt que de vivre chez eux dans une semi-misère; finie la laideur des villes industrielles écossaises.

Les hommes d'affaires, les techniciens ont beau répéter aux hommes du SNP qu'ils mettent trop d'espoir dans le pétrole, qu'il faut investir quinze fois plus pour extraire un baril de la Mer du Nord que des sables de l'Arabie, les nationalistes écossais n'en ont cure. Il est vrai que les recherches d'extraction, la distribution du pétrole se font dans un tel secret que le citoyen écossais se sent plus que jamais éloigné des centres de pouvoir. Il est presque impossible d'obtenir des renseignements, même les plus anodins. Combien gagnent exactement les hommes employés sur les plates-formes de forage?

Cette atmosphère nourrit la méfiance, et le SNP joue avec beaucoup d'habileté du soupçon que Londres cherche à tirer le maximum de cette richesse inattendue, et que l'Ecosse risque de se retrouver, dans vingt ou trente ans, aussi dénuée qu'aujourd'hui. Car la ruée vers le pétrole n'est pas sans dangers. Les compagnies étrangères sont accusées non seulement de détourner le pétrole à leur profit, elles le sont tout autant de menacer l'Ecosse, sa nature et son mode de vie. Ce pays de brumes, de lochs et de légendes, les Ecossais le voient déjà défiguré par les grues, les chantiers de construction de plates-formes, les oléoducs débouchant de la mer sur les plages comme des monstres marins.

La négligence, l'arrogance avec lesquelles l'Ecosse a pu être traitée dans le passé – rien de tout cela n'est oublié. La création d'un parlement écossais pour les années à venir sera peut-être une date historique dans la marche des peuples européens vers des institutions qui les rendraient plus confiants dans le destin de leurs libertés.

L'Express (7–13 octobre, 1974)

7 Les grandes lignes du VIIe Plan

La France, comme tous ses partenaires industriels, subit les conséquences de la crise économique qui se développe dans le monde depuis quelque temps. Celle-ci s'était déjà manifestée dans les dérèglements du système monétaire international qui avait contribué à la généralisation de l'inflation. Le relèvement brutal du prix du pétrole a aggravé la hausse des prix intérieurs et a accentué les tendances préexistantes au ralentissement de l'activité.

Face à cette situation le gouvernement lutte avec détermination contre la hausse des prix, prend des mesures propres à rétablir l'équilibre extérieur, tout en s'attachant à préserver l'emploi. En même temps, il conduit les changements qu'appelle l'évolution de notre société.

Le moment est venu de replacer ces actions dans une perspective d'ensemble qui permette à tous les Français d'en percevoir l'unité et la continuité. Tel sera l'objet du Plan de développement économique et social qui sera proposé au début de l'an prochain au parlement et qui couvrira les années 1976 à 1980. Le VIIe Plan constituera notamment le cadre cohérent des actions à conduire pour assurer l'emploi, rétablir l'équilibre extérieur et rechercher une croissance optimale quant à son taux et à son contenu ...

La crise à laquelle nous nous trouvons confrontés ne peut être interprétée comme une simple péripétie après laquelle nous pourrions revenir au mode de développement que nous avons connu dans le passé. Elle traduit en premier lieu les tensions qui affectent les sociétés industrielles avancées ... inflation liée aux difficultés du partage social, prise de conscience des coûts sociaux et humains de la croissance, revendication d'une moindre inégalité des chances et des situations. Cette crise manifeste en second lieu un changement dans l'équilibre des rapports entre pays industrialisés et pays en voie de développement et dans celui des marchés mondiaux de produits alimentaires, de l'énergie et des matières premières. De nouvelles possibilités de développement sont ouvertes à certains pays du Tiers Monde; elles ne sont pas sans répercussion sur les nôtres ...

Le gouvernement fera porter ses efforts dans trois directions prioritaires: la mise en place d'un nouveau système monétaire international permettant un meilleur ajustement des balances des paiements; une organisation des marchés de l'énergie et des autres matières de base qui offre des conditions d'échanges mutuellement acceptables par les producteurs et les consommateurs et évitent les oscillations trop fortes des cours; de nouvelles relations économiques et commerciales entre pays industrialisés et pays du Tiers Monde et qui permettent à ceux-ci de tirer parti de leurs potentialités de développement et s'accompagnent d'une aide accrue aux pays les plus démunis.

Les relations particulières que la France entretient avec les pays en voie de développement d'expression française et la politique d'aide et de coopération qu'elle conduit avec eux seront développées dans cet esprit de concertation ...

Parallèlement, le gouvernement entend poursuivre et consolider, en accord avec ses partenaires, la construction de l'Europe ... Cet ensemble européen est en mesure d'exercer une influence décisive dans le sens d'une plus grande stabilité des échanges et des cours internationaux de produits agricoles et de matières premières et d'une concertation en faveur du développement des pays les plus défavorisés.

Dans une période où l'évolution économique et internationale est incertaine, la coopération entre les pays membres de la Communauté et la coordination de leurs politiques économiques, financières et sociales devraient leur permettre d'assurer une évolution régulière de leurs économies, de réaliser ensemble des recherches et des investissements dont le coût excède les possibilités d'un seul pays et de se montrer plus ambitieux dans la recherche de meilleures conditions de vie et de travail et dans la défense de l'environnement . . .

Il faut adapter notre économie au nouveau contexte international pour que soient conservés les moyens de notre liberté de décision et assuré le plein emploi, et adapter notre mode de développement aux nouvelles aspirations des Français, une réduction plus poussée des inégalités, une amélioration du cadre et de la qualité de la vie, un meilleur partage des responsabilités.

La réalisation de ces changements dans une période incertaine appelle une nouvelle conception du Plan. Il ne peut s'agir de tracer une fois pour toutes une voie unique de développement assortie d'un ensemble exhaustif de mesures et de programmes détaillés. Le VIIe Plan aura un caractère stratégique . . ., il indiquera de façon claire les grandes orientations qui guideront durablement notre politique; il fixera les objectifs de notre développement pour les cinq prochaines années et formulera, en fonction des aléas prévisibles, les principes qui devront inspirer nos actions; il sélectionnera enfin celles de ces actions qui apparaîtront décisives pour la réalisation des objectifs et dont la mise en œuvre devra être assurée coûte que coûte . . . .

Extrait du Rapport sur l'orientation préliminaire de VIIe Plan.
La Documentation Française, (juin 1975)

Vocabulaire

aboutir (à), *to result (in) ; lead (to)*
accalmie (f), *calm*
accord (m), *agreement*
accroissement (m), *increase, growth*
accroître, *to increase*
acheteur (m), *buyer*
acquérir, *to acquire*
actuellement, *at the present time, currently*
addition (f), *bill*
adhérent (m), *member*
affaires (f. pl), *business*; une bonne affaire, *a bargain*
affiche (f), *poster, bill*
affluer, *to pour in*
agenda (m), *diary*
aggraver, *to exacerbate, worsen*
aile (f), *wing*
ailleurs, *elsewhere*; d'ailleurs, *moreover*
aîné(e), *eldest son (daughter)*
aliment (m), *(prepared) food*
alimentaire (adj.), *pertaining to food*; achats alimentaires, *food purchases*
alléchant, *attractive, tempting*
allocation (f), *allowance*
ambiance (f), *atmosphere, surroundings*
ambigu, *ambiguous*
amélioration (f), *improvement*
améliorer, *to improve*
amener, *to bring*
annuler, *to cancel*
anodin, *anodine, innocuous*
aplanir, *to smooth, remove (obstacles)*
appareil (m), *aircraft, piece of equipment*; appareils sanitaires, *bathroom fittings*
apporter (des changements), *to bring about changes*
apprenti (m), *apprentice*
approvisionnement (m), *stock, supply*
appui (m), *support*
articles ménagers, *household goods*
artisan (m), *craftsman, artisan*
artisanat (m), *crafts, small local industry*
ascenseur (m), *lift*

atelier (m), *workshop*; atelier de révision, *quality control section*
atout (m), *trump-card*
atteindre, *to reach, get at*
atténuer, *to diminish*
attrayant, *attractive*
augmentation (f), *increase*
auprès de, *near*
aussitôt que, *as soon as*
autant, *as much*; pour autant, *for all that*
autogestion (f), *worker control*
autoroute (f), *motorway*
avènement (m), *advent*
avion à réaction (m), *jet aircraft*
avoir beau faire, *to do in vain*
avouer, *to admit, confess*

banlieue (f), *suburb(s)*
bannir, *to ban, outlaw*
bâtiment (m), *building, building trade*
bénéfice (m), *profit*
bénéficier de, *to profit by*
berceau (m), *cradle*
béton (m), *concrete*
biais (m), *angle, slope*; par le biais, *obliquely, indirectly*
bidon (m), *metal container, can*
bidonville (f), *shanty-town*
biens (m), *goods, possessions*; biens de consommation, *consumer goods*; biens d'équipement, *capital goods, durables*
bloc-notes (m), *writing pad*
boisson (f), *drink*
bon marché, *cheap*
bonne affaire (f), *bargain*
se borner (à), *to restrict oneself (to) ; merely to . . .*
Bourse de Londres, *London Stock Exchange*
boutonnière (f), *button-hole*
but (m), *goal, purpose*

cadence (f), *speed ; rhythm*

cadet(te), *youngest son (daughter)*

cadre (m), *framework; executive (in industry)*

camionneur (m), *lorry driver*

carrelages (m.pl), *floor tiles*

carrière (f), *career*

cauchemar (m), *nightmare*

ceinture (f), *belt*; se serrer la ceinture, *to tighten one's belt*

censé, *considered, supposed*

centrale syndicale (f), *workers' confederation*

centre commercial (m), *out-of-town shopping area*

chaîne de montage (f), *assembly line*

chantier (m), *construction/building site*; mettre en chantier, *to begin construction*

chantier naval/maritime, *ship-yard*

charger, *to load*

chef comptable (m), *chief accountant*

chef des services d'exportation, *export manager*

chiffre (m), *figure*; chiffre d'affaires, *turnover*

chimère, *illusion*

chômage (m), *unemployment*

circulation (f), *traffic*

ciseaux (m.pl), *scissors*

citoyen (m), *citizen*

clandestinement, *illegally, secretly*

clé (clef) (f), *key*

cogestion (f), *co-management (worker participation)*

coiffé (par), *headed (by)*

coin (m), *corner*; coin de vacances, *holiday spot*

comité d'entreprise (m), *workers' council*

commande (f), *order*

commander, *to order*

commerçant (m), *shopkeeper, tradesman*

commissariat de police (m), *police station*

commission (f), *errand*; faire la commission, *to pass on the message*

communément, *generally*

se complaire (à), *to delight (in)*

se compléter, *to complement each other*

comporter, *to comprise*

compris (p.p. comprendre), *understood: included*

comptabilité (f), *accounts (department)*

compter, *to count*; compter faire, *to count on doing*

concertation (f), *cooperation (between management and workers)*

concessionnaire (m), *agent*

concordance (f), *harmony; blending*

concours (m), *assistance; competitive examination, participation*

concurrent (m), *competitor*

conduire, *to drive, lead*

confiserie (f), *confectionery, sweets*

conjoncture (f), *climate, situation; short-term economic trend*

connaissance (f), *acquaintance*

conseil d'administration (m), *board of directors*

conseil de surveillance (m), *watch committee*

conseiller, *to advise*

constater, *to note (take note of)*

conteneur (m), *container*

contractuel (m), *traffic warden*

contremaître (m), *foreman*

contribuable (m), *tax payer*

convenir (à), *to suit*

conventions collectives (f.pl), *collective bargaining, wage agreement*

convier, *to invite*

corsé, *full-bodied (of wine)*

côtisation (f), *contribution*

côtoyer, *to border on*

coup de téléphone, *telephone call*

coupe (f), *cut*

courant (m), *electric current*

courrier (m), *mail*; moyen courrier, *medium range aircraft*; long courrier, *long range aircraft*

cours (m), *course*; suivre des cours (de), *to take a course (in)*

courses (f.pl), *shopping*; faire des courses, *to shop*

couturière (f), *dress-maker*

couvert (m), *cover; place at table*

cramoisi (adj.), *crimson*

craquements (m.pl), *crackling noise*

croissance (f), *growth*

croustillant, *crisp*

crudités (f.pl), *raw vegetable hors d'œuvres*

cuisine (f), *kitchen; food; cooking*

cuit, *cooked*; bien cuit, *well done (steak)*

cure, *care*; on n'en a cure, *nobody cares*

dactylographie (f), *typing*

date de livraison (f), *delivery date*

débit (m), *yield; supply; shop*

déboire (f), *disappointment*

débordé, *overwhelmed, overworked*

débouché (m), *outlet; job opportunity*

déboucher, *to uncork*

deça, *this side*; en deça de, *on this side of (i.e., below, short)*

déclenchement (m), *outbreak*

déclencher, *to start, unleash*

décollage (m), *take-off (of aircraft)*

décroître, *to decrease*

décrire, *to describe*

défaut (m), *fault*

déguster, *to sample (of wine)*

délai (m) (de livraison), *time taken (for delivery)*

démunir, *to deprive*

démontrer, *to illustrate*

dénuer, *to strip, divest*

dépasser, *to exceed, be in excess of*

dépit: en dépit de, *despite*

dépliant (m), *leaflet*

se déranger, *to trouble (oneself)*

dérèglement (m), *upsetting*

dérégler, *to upset; put (mechanism) out of order*

dès que, *as soon as*

dès l'instant où, *the moment that*

descendre dans un hôtel, *to stay at a hotel*

déséquilibré, *uneven, unbalanced*

désormais, *from now on*

dessinateur (m), *draughtsman*

détaillant (m), *retailer*

détenir, *to hold*

détruire, *to destroy*

diminuer, *to diminish, to fall (in number)*

direction (f), *management*

dirigeant (m), *leader*

discours (m), *speech*

disposer de, *to have at one's disposal*

divers, *various*

dodu, *plump*

domaine (m), *field (of activity)*

donnée (f), *fundamental idea, basis*

dorénavant, *from now on*

dorure (f), *gilding*

douane (f), *customs*

doublé, *lined*

doubler, *to line; to overtake*

écart (m), *gap, differential*; se tenir à l'écart, *to keep one's distance*

échantillon (m), *sample*

échec (m), *failure*

échelle (f), *ladder; scale*

échelon (m), *scale*

écouler, *to sell off, dispose of (merchandise)*

écraser, *to crush*

écrou (m), *screw*

effectivement, *indeed, to be sure*

effectuer, *to perform (a task)*

efficace, *efficient*

efficacité (f), *efficiency*

effréné, *frantic*

égard (m), *consideration, respect*; à bien des égards, *in many respects*

élections législatives (f.pl), *parliamentary elections*

électro-ménager, *household electrical goods*

élevage (m), *breeding, rearing (cattle)*

emballage (m), *packaging*

embauche (f), *recruitment (of labour)*

embaucher, *to recruit, employ*

embouteillage (m), *traffic jam*

émission (f), *broadcast*

empêcher, *to prevent*

emplacement (m), *site*

emprunt (m), *loan*; lancer un emprunt, *to take out a loan*

emprunter, *to borrow*

s'engager (à), *to undertake (to)*

engins de levage (m.pl), *lifting gear*
engueuler, *to tell off (slang)*
ennui (m), *problem, annoyance*
ennuyeux (adj), *annoying, awkward, boring*
enquête (f), *enquiry*
enseignant (m), *teacher*
enseigne (f), *(shop) sign*
ensuite, *afterwards, to follow*
entendu, *agreed*
entrée (f), *entrance; first (main) course of meal*
entrepôt (m), *warehouse, store*
entreprise (f), *firm*
s'entretenir avec, *to converse, discuss with*
entretien (m), *meeting, conversation*
envers, *towards*
s'épanouir, *to blossom*
épargne (f), *savings*; caisse d'épargne, *state savings bank*
épicerie (f), *grocery store, groceries*
époque (f), *period:* à cette époque, *at that time*
s'épouvanter, *to take fright*
esclave (m), *slave*
escompte (m), *discount*
établissement (m), *establishment, firm*
état-major (m), *headquarters*
étranger (m), *stranger, foreigner*; à l'étranger, *abroad*
évènement (m), *event*
éventail (m), *fan; spread, range*
excédent (m), *surplus*
exemplaire (m), *model, copy*
exiger, *to demand*
expédition (f), *dispatch*
exposant (m), *exhibitor*
s'exprimer, *to express oneself*

fabricant (m), *manufacturer*
fabrication (f), *manufacture*
façon (f), *way, manner*; de toute façon, *anyway*
faible, *weak, small*
faillite (f), *bankruptcy*
faire état de, *to depend on; to take into account, to note a fact; mention*

faire (votre) affaire, *to meet (your) requirements*
faire face (à), *to cope (with)*
faisan (m), *pheasant*
fait (m), *fact*
fée (f), *fairy*
fer (m), *iron*; fer à cheval, *horse-shoe*
feuille de paye (f), *pay-slip*
fiche (f), *form*
fiscalité (f), *taxation*
flambée (f), *sudden upsurge*
fléau (m), *scourge, curse*
flou, *woolly, nebulous*
foire (f), *(trade) fair*
fonction publique (m), *public office*
fonds (m.pl), *funds*
forage (m), *drilling*
foulard (m), *scarf*
fournir, *to supply*
fournisseur (m), *supplier*
foyer (m), *home; hearth*
frais (m.pl), *costs, overheads*
frais (adj.), *cool, fresh*
freiner, *to brake*
friture (f), *fried food*
fructueux, *fruitful*
fruits de mer (m.pl), *sea-food*
funeste, *fatal*
fusionner, *to merge*

gamme (f), *range (of products)*
(se) garer, *to park*
gaspillage (m), *wastage, squandering*
genre (m), *style, type, sort*
gérer, *to manage*
gibier (m), *game*
gisements (m.pl), *(natural) fields, deposits (of oil, gas)*
glacé, *icy cold, chilled*
goût (m), *taste*
grenouille (f), *frog*
grève (f), *strike*; grève sauvage, *wild-cat (unofficial) strike*; faire la grève, se mettre en grève, *to strike*
grossiste (m), *wholesaler*
grue (f), *crane*

habile, *skilful*
habillement (m), *clothing industry*

haricot vert (m), *(French) bean*
hausse (f), *increase, raising*
hebdomadaire, *weekly*
hectare (m), *hectare (2.47 acres)*
hétéroclite, *odd*
heures de pointe (f.pl), *rush-hour(s)*
(se) heurter (contre), *to clash (with)*
holà! *hold on! not so fast!*
honteux, *disgraceful*
houppelande (f) à godets, *flared cloak*
huître (f), *oyster*
hypermarché (m), *hypermarket*

immeuble (m), *block of flats*
immigré (m), *immigrant*
imperméable (m), *raincoat*
implantation (f), *implantation, setting-up*
important, *important, large*
impôt (m), *tax*; impôt sur le revenu, *income tax*; impôt sur les fortunes, *wealth tax*
imprimés (m), *printed matter*
inattendu, *unexpected, unusual*
indice (m) des prix, *price index*
indiscutable, *indisputable*
ingénieur (m), *engineer*
s'ingérer (dans), *to interfere (in)*
s'inquiéter, *to worry*; ne vous inquiétez pas! *don't worry!*
inquiétant, *worrying*
intéressement (m), *profit sharing*
investissements (m.pl), *investment(s)*
issue (f), *end, conclusion; exit*; à l'issue de la rencontre, *at the end of the meeting*

jadis, *formerly, once*
jouir (de), *to enjoy*

laideur (f), *ugliness*
laine (f), *wool*
lancement (m), *launching (of a product)*
lancer, *to launch, throw*; lancer l'ordre de grève, *to call a strike*
large: au large de, *off (coastline)*
las, *weary*
lecteur (m), *reader*
légèrement, *slightly, lightly*

légume (m), *vegetable*
licence (f), *degree*
licencier, *to dismiss*
lieu (m), *place*
ligne (f), *line, figure*
linge (m), *laundry, washing*
location (f), *hire*
logement (m), *housing*
loi (f), *law*; homme de loi, *lawyer, legal practitioner*
loisir (m), *leisure (time)*
loup (m), *wolf*; avoir une faim de loup, *to be as hungry as a hunter*
lourd, *heavy*

machine à écrire (f), *typewriter*
machine outil (f), *machine tool*
main d'œuvre (f), *work force*
mal (m), *pain, ill*
manière (f), *manner*; d'une manière générale, *generally*
manigancer, *to scheme, plot, gerrymander*
manipuler, *to handle*
manœuvre (m), *unskilled labourer*
mannequin (m), *model (dummy)*
manuel (m), *text-book*
manutentionnaire (m), *loader*
marché (m), *market*; le Marché commun, *Common Market*
marge bénéficiaire (f), *profit margin*
maroquinerie (f), *leather goods*
marque (f), *make, brand*
matières premières (f.pl), *raw materials*
méfiance (f), *distrust*
mensuel, *monthly*
mets (m), *article of prepared food*
mettre au point, *to perfect*
meubles (m.pl), *furniture*
mirobolant, *wonderful, 'sparkling'*
milliard (m), *one thousand million*
misogyne, *misogynous*
mollet (m), *calf*
montage (m), *assembly*
montant (m), *amount*
mot (m), *word*; au bas mot, *at the lowest estimate*
moto (f), *motor-cycle*

moyen (m), *means, method*; moyens d'information de masse, *mass media*; (adj.): *average*; de moyenne, *on average*

naissance (f), *birth*
naître, *to be born* (p.p. né(e))
nautisme (m), *water sport (sailing, boating, etc.)*
négligeable, *negligible, unimportant*
nettement, *clearly*
nettoyage (m), *cleaning*
névroses (f.pl), *neuroses*
nier, *to deny*
niveau (m), *level*; niveau de vie, *standard of living*
note (f), *bill*
nulle part, *nowhere*
nullement, *not the slightest*; je n'ai nullement l'intention de. . ., *I haven't the slightest intention of. . .*

Occident (m), *the West*
s'occuper (de), *to take care (of)*
oléoduc (m), *(oil) pipe-line*
opportunément, *opportunely*
or (m), *gold*; (conj.): *now, yet*
ordinateur (m), *computer*
d'ores et déjà, *now and henceforth*
oser, *to dare*
ourlet (m), *hem*
outillage (m), *tools, machinery*
outre-Manche, *across the Channel.*
outre-mer, *overseas*
ouvrier, *worker*

pallier à, *to cure*
panne (f), *breakdown (mechanical, electrical)*
par rapport (à), *compared (with), in relation (to)*
pardessus (m), *overcoat*
pareil, *similar*
parking (m), *car-park*
part (f), *share*
partage (m), *(social) division*
parti (m), *(political) party*

partie (f), *part*
parvenir (à), *to arrive (at); manage (to)*
pâtisserie (f), *cake, tart*; pâtisserie maison, *cakes or tarts made on the premises*
patron (m), *boss*
patronat (m), *employers*
pavillon (m), *flag, colours*
peau (f), *skin, hide*
pénurie (f), *shortage*
péripétie (f), *peripet(e)ia; sudden change of fortune*
périphérique, *peripheral*
pétrole (m), *(crude) oil*
pièce (f), *part*; pièce détachée, *spare (part)*; pièce échantillon, *sample (part)*
places (f.pl), *(here): stock exchanges*
plaire à, *to please*
point: à point, *medium (of steak)*
pointure (f), *size (footwear)*
pont-levis (m), *draw-bridge, swing bridge; lift platform*
porte-clefs (m), *key ring*; porte-feuille (m), *wallet*; porte-fusée (m), *compressed air gun for tightening nuts*; porte-monnaie (m), *purse*
porter préjudice (à), *to harm, damage*
porter un coup (à), *deal a blow to*
pourboire (m), *tip*
pourvoir, *to provide*
poussée électorale (f), *electoral swing*
pouvoir d'achat (m), *purchasing power*
pouvoirs publics (m.pl), *the authorities*
précisions (f.pl), *precise details*
précoce, *early, precocious*
préconiser, *to advocate, strongly recommend*
président directeur général, *chairman*
pressé: être pressé, *to be in a hurry*
prêt-à-porter (m), *ready made clothing (industry)*
se prévaloir, *to avail oneself*
prévoir, *to foresee*
prime (f), *bonus*
pris en compte, *taken into account*
procédé (m), *process*
projeteur (m), *designer*

promoteur (m) (de l'immobilier), *property developer*
prospectus (m), *handbill*
provenir de, *to come from*
publicité (f), *advertising*
puissant, *powerful*

quartier (m), *quarter, locality (of town)*; restaurant du quartier, *local restaurant*
quinquennal, *five yearly*

rabais (m), *reduction*
raccourcir, *to shorten*
racine (f), *root*
raffinement (m), *refinement, subtlety*
rang (m), *row, rung*; au premier rang, *in first position*
rappeler, *to call back*
se rappeler, *to recall, remember*
rapport (m), *relation, connection*
raser, *to raze, pull down*
rassemblement (m), *rally, gathering*
se rattraper, *to make up, catch up*
rayer, *to cross out*
rayon (m), *beam (of light)*; *shelf; department (in a store)*; rayon d'action, *range*
réclame (f), *advertisement*
récriminatoire, *recriminatory*
recrudescence (f), *fresh outbreak*
récuser, *to challenge, take exception to*
recyclage (m), *retraining*
recycler, *to retrain*
redouter, *to fear*
réduire, *to reduce*
réfléchir, *to think (over)*
régler, *to settle (an account)*
régresser, *to fall back*
relâche (m), *loosening, slackening*; sans relâche, *without let-up*
relais (m), *relay*; prendre le relais, *to take over*
relèvement (m), *increase*
remonter, *to go back (time)*
remise (f), *remittance*
remplir, *to fill*
rémunération, *pay*
rendement (m), *production, return*

se rendre compte, *to realise*
se renseigner, *to inquire*
rentabilité (f), *profitability*
répartir, *to spread, distribute*
répartition (f), *distribution*
répercuter (sur), *to make up (on)*
reporter, *to bring forward (in time)*
repousser, *to put off, postpone*
restes (m.pl), *remains*
retard (m), *delay*
retenir, *to retain, reserve*
retraite (f), *retirement*
retraité (m), *(old age) pensioner*
rétrécir, *to shrink*
rétrécissement (m), *shrinking, narrowing*
se retrouver, *to meet*
réunion (f), *meeting*
réussir (à), *to succeed (in)*
réussite (f), *success*
revendication (f), *demand*
revendiquer, *to demand*
revenu disponible réel, *real earnings*
revirement (m), *veering (of opinion); change of direction*
rez-de-chaussée (m), *ground-floor*
rivaliser (avec), *to compete (with)*
ruée (f), *rush*; la ruée vers l'or, *the gold rush*

sidérurgie (f), *steel industry*
S.N.C.F. (Société nationale des chemins de fer français), *French state railway*
saignant, *(lit. bleeding) rare (of steak)*
saisonnier, *seasonal*
salade verte, *lettuce with dressing*
salaire (m), *wage, salary (see note to Chapter 4)*
salon (m), *show, exhibition*; salon de l'auto, *motor-show*
sec, *dry; curt*
séjour (m), *stay*
selon, *according to*
se sentir, *feel*
septennat (m), *seven-year period*
serviette (f), *briefcase*
seuil (m), *threshold*

siège (m), *seat*; siège social (m), *head office*

sigle (m), *sigla (abbreviations and signs)*

soi-disant, *supposedly*

soie (f), *silk*

soin (m), *care*; avoir soin de faire q.c., *to take care to do something*

sole meunière, *sole shallow-fried with butter and flour*

sondage (m), *(public) opinion poll*

sortir (trans.), *to bring out*; (intrans.), *to go out*

souci (m), *worry*; se faire du souci, *to worry*

souligner, *to underline, emphasize*

sous-sol (m), *basement*

soutenir, *to support*

souterrain, *subterranean, underground*

soutien (m), *support*

souvenir, *memory, recollection*; un bon souvenir, *a happy memory*

stationnement (m), *parking, waiting (in a vehicle)*

sténographie (f), *shorthand*

sténo-dactylo (f), *shorthand-typist*

subir, *to undergo*

subvention (f), *subsidy*

subventionner, *to subsidise*

succursale (f), *branch (of store)*

supprimer, *to do away with, to get rid of*

surdité (f), *deafness*

(grandes) surfaces, *super/hyper-markets*

susceptible (de), *liable (to)*

susciter, *to bring about*

syndicat (m), *trades union*

syndicat d'initiative (m), *tourist information bureau*

syndiqué (adj. or n.), *belonging to a union*

tâche (f), *task*

taille (f), *size (clothing)*

tailleur (m), *lady's suit*

tandis que, *whereas*

tant mieux, *all the better*

tant pis, *too bad*

tant que, *as long as*

taux (m), *rate*; taux d'escompte, *bank rate*

teinte (f), *shade*

tendre, *to tender, hold out*

tenir, *to hold, keep (a shop etc.)*

tentative (f), *attempt*

terrain (m), *ground, field*

tiers (m), *third*

tirage (m), *circulation* (of a newspaper)

tirer parti de, *to utilise*

tissu (m), *material*

titre (m), *title*; à juste titre, *rightly so*

toucher, *to affect; to receive (money)*

tour (f), *tower*

tour (m), *stroll*

Toussaint (f), *All Saints Day (1st Nov.)*

train (m) (d'une voiture), *axle assembly*

trait (m), *mark, characteristic, feature*

travailler à plein rendement, *to work to full capacity*

tricot (m), *knitwear*

se tromper, *to be mistaken*

truchement (m), *interpreter; spokesman; instrument (of)*

valoir, *to be worth*; votre voiture ne vaut pas la mienne, *your car isn't as good as mine*

viande (f), *meat*

voie (f), *track, way, road*; pays en voie de développement, *developing countries*

volant (m), *steering wheel*

voyage de noces (m), *honeymoon*